Sandra M. Lutz

Du, zuerst!

Eine kleine, knackige Anleitung zu gepflegtem und gesundem Narzissmus

Impressum: ©/Copyright: 2020 Sandra Miku Lutz
Erstauflage
Illustration: Mahdiye Ijavi
Lektorat, Korrektorat: Barbara Lukesch
ISBN Paperback:
ISBN e-Book: 9783752602876
Herstellung und Verlag: BoD – Books on
Demand, Norderstedt

INHALTSVERZEICHNIS

Setz dir die Sauerstoffmaske zuerst auf   10

Spann dein Netz neu   17

Mach es wie die Japaner   25

Mach es wie die Gladiatoren   33

Erleben versus Wissen   42

Danke statt Entschuldigung   50

Hirnsanierung   56

Routinen   69

Und nun: Transformationsspiele   75

1:Die wichtigen Drei   79

2: Die richtige Zielsetzung   85

3: Eine Prise Spass, bitte!   91

4: Schenke ein Lächeln   97

5. Raus aus dem Negativ-Wirbel   103

6: Ein Hoch auf unseren kleinen Zeh!   109

7. Dankbarkeit   113

8: Kräftige deine Gedanken   117

9. Setz Dich ins Zentrum von deinem Leben!   124

10. Kultiviere deinen" Geben"-Virus   129

11. Hinter der Ziellinie   135

12. So tun als ob   139

13 Stromausfall   144

Setz Dir die Sauerstoffmaske zuerst auf

Wenn wir bei einem plötzlichen Druckabfall in einem Flugzeug zuerst unserem panisch herumfuchtelnden Sitznachbarn beim Anlegen der Sauerstoffmaske behilflich sein wollen, sind wir nach ungefähr 15 Sekunden bewusstlos. In einer Stresssituation sind 15 Sekunden ziemlich kurz. Das gilt nicht nur auf 10'000 Metern Höhe, sondern auch am Boden: Wenn wir versuchen, anderen zu helfen, bevor wir auf uns selber achten, drohen Ohnmacht und Handlungsunfähigkeit.

Auf unser alltägliches Leben übertragen ist mit der Sauerstoffmaske die Selbstliebe und Selbstfürsorge gemeint.

Warum müssen wir immer zuerst ganz unten aufschlagen und uns so richtig mies fühlen, bis wir endlich etwas dagegen tun? Oder besser: endlich etwas *für uns* tun? Warum suhlen wir uns so gern im Selbstmitleid und schieben alles vor uns her, wenn es uns schlecht geht?

Wir verharren in misslichen Lagen, weil es so einfach ist, weil wir keinen Widerstand spüren, und weil wir dieses Verhalten über Jahre eingeübt haben. Irgendwie mögen wir es, nicht entscheiden zu müssen, was als Nächstes zu tun wäre, damit es uns wieder besser ginge. Wenn wir einfach nur so daliegen und Trübsal blasen, müssen wir nicht ins Handeln kommen, uns nicht aufraffen, keine Energie aufbringen. Diese Gedankenmuster haben sich in Gewohnheiten umgewandelt und sind zur Routine geworden.

Wir können diese Muster jedoch aufbrechen und durch andere, unterstützende Muster ersetzen.

Diesen Prozess sollte man sachte, aber konsequent angehen. Und zwar mit einem ersten, einfachen Schritt um die Stagnation zu überwinden und um in Bewegung zu kommen. Wir müssen uns dafür entscheiden, *uns* die Sauerstoffmaske als erste aufzusetzen.

Entscheide fällen wir täglich, stündlich, minütlich. Wir entscheiden uns jeden Morgen aufs Neue, was für ein Leben wir leben und was für einen Start in den Tag wir uns geben wollen, jedoch nicht bewusst. Alles ist auf Autopilot und wir sind uns unserer Entscheidungen nicht bewusst. Jeden Morgen aufs neue.

Wir sollten uns bewusst sein: Es ist jedes Mal wenn wir am Morgen aufwachen ein neuer Morgen. Ein neuer Tag.

Es ist ein guter Morgen am Anfang eines neuen, guten Tages. Nun ist es an uns, was wir damit anfangen.

Deshalb: Tu Dir etwas Gutes an diesem Morgen und starte ihn mit einem positiven und dankbaren Gedanken. Starte deinen Tag ganz bewusst mit einem positiven Gedanken oder einem „das werde ich heute Gutes für mich tun".

Ein Beispiel, wie ich mir jeden Morgen die Sauerstoffmaske aufsetze: Ich stehe vor allen anderen auf – in meinem Fall sind alle anderen meine zwei liebsten Menschen und ein Vierbeiner. Ich nehme mir Zeit für mich. Ich stehe auf mit der Entscheidung, mir etwas Gutes zu tun.

Ich meditiere. Kläre meine Gedanken. Sitze quasi auf dem Gedankenklo. Und diese Entscheidung fälle ich jeden Morgen aufs Neue.

Es ist bestimmt nicht immer ein Glücksgefühl, vor allen anderen aufzustehen. Manchmal braucht es Überwindung, vor allem, wenn man neben jemandem liegt, den man liebt und noch ein bisschen kuscheln könnte.

Aber es lohnt sich, denn mit dieser Entscheidung setze ich mir jeden Morgen die Sauerstoffmaske als erste auf. Ich schaue dafür, dass es mir in erster Linie gut geht, damit ich möglichst produktiv und glücklich bin und folglich anderen mehr und besser geben kann.

Ohne gross zu überlegen oder die Lage zu überdenken, denn wir denken zu viel. Und überdenken das Gedachte nochmals, überdenken viel zu oft und kommen dabei nicht ins Handeln. Solange wir nur denken, entscheiden wir nicht und kommen auch nicht ins Handeln. Dabei ist nur eine winzig kleine Entscheidung nötig, um in Bewegung zu kommen.

Deshalb: Triff eine Entscheidung und mache den ersten Schritt.

Ein paar Werkzeuge oder Techniken können Dir dabei helfen. Zum Beispiel die Technik, die wir bereits als Kind gelernt haben: Zähle von eins auf drei – und dann los. Oder benutz die Worte „Achtung, Fertig, Los!"

Also: Du liegst frühmorgens gemütlich im warmen Bett und weisst, Du solltest eigentlich aufstehen. Du musst zur Arbeit. Und dieser Gedanke allein ist bereits ein Grund, Dich nochmals auf die andere Seite zu drehen. Du magst das nicht. Du magst nicht mal daran denken.

Jetzt zähle einfach mal von eins auf drei – und dann schwingst Du Dich aus dem Bett.
Dabei passiert Folgendes:
Während Du bewusst von eins auf drei zählst, hat dein Gehirn keine Kapazität, sich auf andere nicht produktive Gedanken oder auf die «Ich will nicht»-Stimme zu fokussieren. Du stoppst damit aktiv dein negatives Gedankenmuster, und bevor Du es merkst, bist Du doch tatsächlich schon auf den Beinen und in Bewegung.
Konsequent angewendet, wird diese Technik zur Routine. Du trainierst Dein Gehirn darauf, sich während des Zählen auf nichts Anderes zu konzentrieren und gleich bei eins ins Handeln zu kommen. Du kannst diese effektive Technik in allen möglichen Lebensbereichen anwenden – wenn Du einen Auftrag ausführen, eine Arbeit abliefern oder im Haushalt etwas erledigen musst. Übe und verinnerliche diese Technik an kleinen, nicht so aufwendigen Dingen und es wird zu deiner Routine und Du wirst es auch

für grössere Vorhaben gewinnbringend für dich einsetzen können.

Es wird am Anfang Überwindung und Disziplin kosten, jedoch weniger Überwindung, als wenn Du dich nochmals hinlegen würdest und dann zehn Minuten später wieder am gleichen Punkt stehen würdest.

Dies wird Dein Leben positiv verändern.

Spann dein Netz neu

Meine Tochter liebt es, mit unserem Hund Kunststücke einzuüben. Sie wird dabei richtig erfinderisch und – aus der Sicht unseres Hundes – manchmal ein bisschen zu einfallsreich und ambitioniert. Besonders stolz ist sie auf das Kunststück mit der Pfote und dem Leckerli.

Gusti, unser Hund, muss sich auf den Befehl «Platz» hinlegen. Dann legt sie ihm einen kleinen Leckerbissen auf die rechte Vorderpfote. Fressen darf er erst, wenn sie «En Guete» sagt. Es dauerte ziemlich lange, bis Gusti der Hund begriff, was sie mit viel Geduld, Durchhaltewillen und erzieherischem Geschick von ihm verlangte. Als es zum ersten Mal klappte, lobte sie ihn überschwänglich und platzte fast vor Stolz. Von da an wiederholten die Beiden das Kunststück mit Begeisterung und Freude, als gebe es kein Morgen mehr.

Wie funktioniert das mit den Hunden, die auf den Befehl «Gib Pfötchen!» artig gehorchen, obwohl das für ihr Verhalten absolut unnatürlich ist? Warum setzen sie sich folgsam hin, wenn man «Sitz!» sagt? Und warum beißen Hunde auf den Befehl «Attack!» einen Menschen in den Unterarm und lassen nicht mehr los, bis der Halter «Aus!» ruft? Sie werden von uns darauf konditioniert. Die Tiere machen die Erfahrung, dass sie für ein bestimmtes Verhalten belohnt werden. Hundehalter oder -trainer üben das tage-, wochen-, wenn nicht monatelang mit ihnen ein. Genau dasselbe tun wir unbewusst mit uns selber. Wir reagieren reflexartig auf bestimmte Vorkommnisse oder Reize, weil wir uns seit Jahren darauf konditioniert sind haben.

Einige Beispiele: Während meiner Schwangerschaft habe ich nur noch dicke Bäuche gesehen. Gemäß meiner Wahrnehmung waren nur noch Mütter mit Kinderwagen unterwegs und Väter mit Babys in Tragetüchern. Wenn Du Dir von ganzem Herzen ein neues rotes Auto wünschst, wird Dir auffallen, dass es unglaublich viele rote Autos auf den Straßen gibt. Schlägst Du eine Zeitung auf oder gehst auf deinem Laptop online, siehst Du vor allem die Dinge, mit denen Du Dich gerade am meisten beschäftigst. Wenn Dich die Politik nicht interessiert, wirst Du nie den Politikteil lesen. Kannst Du nichts mit Wirtschaft anfangen, sind Dir die Börsenkurse egal. Es interessiert Dich nicht, weil Du Dich nie damit auseinandergesetzt hast oder Dein Interesse dafür nie geweckt wurde.

In den Jahren unserer Kindheit und Jugend entsteht ein Grundgerüst aus Erfahrungen, Wissen und Denkmustern; die Wissenschaft nennt es «das aufsteigende retikuläre Aktivierungssystem». Du kannst es Dir wie ein Netz oder einen Filter vorstellen. Alles, worauf Du Dich fokussierst, womit Du dich beschäftigst, worüber Du oft und gerne nachdenkst und sinnierst, bleibt in diesem Netz hängen. Für Pessimisten sind es die Katastrophen in allen möglichen Weltgegenden oder die bösen Politiker und CEOs, die ihre Macht missbrauchen zu Lasten der Schwächeren. Für Optimisten sind es die sonnigen Tage und die immer wiederkehrenden Möglichkeiten und Chancen, etwas Neues zu lernen oder zu kreieren. Informationen, die wir als unnütz erachten, und ungewohnte Denkmuster fallen durch die Maschen unseres persönlichen Netzes. Hängen bleibt nur, worauf wir konditioniert sind – im Guten wie im Schlechten.

Wenn Dir als Kind öfters gesagt wurde, Du seist zu dumm für bestimmte Dinge, hast Du es mit der Zeit geglaubt und – schlimmer noch – immer öfter selber zu Dir gesagt. Alles, was diesem negativen Gefühl entspricht, bleibt seither in Deinem Netz hängen. Du wirst diese Tatsache immer wieder bestätigt bekommen, weil Du mit dem Glauben durch die Welt gehst, dass Du dies und das eh nicht schaffen wirst, weil Du zu dumm bist. Je länger Du Dich auf vermeintliche Probleme und Hindernisse fokussierst, umso gravierender und gewaltiger erscheinen sie Dir. Mit der Zeit werden sie Dich komplett aus der Bahn werfen.

Die meisten Menschen glauben, das Leben passiere ihnen. Sie seien machtlos und könnten nichts gegen all die Widerwärtigkeiten tun, die ihnen tagtäglich begegnen. Das ist grundfalsch: Wir können sehr wohl! Und zwar, indem wir das, was wir bislang gedacht und getan haben, was uns vom Glücklich- und Erfolgreich-sein abgehalten hat, einfach um 180 Grad drehen. Wenn Du vor einer Herausforderung stehst, egal welcher Art, dann fokussiere Dich auf das Ziel und nicht auf das Problem. Es ist Deine Entscheidung, und es funktioniert ganz einfach, nämlich folgendermassen:. Visualisiere Dein Ziel so konkret wie möglich. Wo möchtest Du hin? Wie sieht Dein Ziel aus? Was möchtest Du konkret erreichen? Dann versuche zu fühlen, wie es in Dir aussehen wird, wenn Du das Ziel erreicht hast. Wie fühlt es sich an, wenn Du dein Ziel erreicht hast? Was siehst Du? Was hörst Du? Was sagst Du? Wie wirst Du dich bewegen? In was für einer Umgebung wirst Du dich bewegen? Nochmal: Sei so konkret wie möglich und gehe ins Detail. Versuche all deine fünf Sinne (Hör-, Seh-, Fühl-, Riech-, Geschmackssinn) dabei zu berücksichtigen. Beachte dabei Folgendes: Wenn Du Dein Ziel definiert hast, solltest Du es nicht mit anderen teilen, denn die anderen haben ihr eigenes «aufsteigendes retikuläres Aktivierungssystem». Das heißt nicht, dass die Menschen in Deinem Umfeld, die mit ihren Ansichten oder ihrem Feedback Dich von Deiner Idee oder von Deinen Zielen abbringen wollen, es nicht gut mit Dir meinen. Keinesfalls. Aber ihre Kommentare und Ratschläge könnten Dich verunsichern. So sehr verunsichern, dass Du Dein Ziel überdenkst und letztlich nicht mehr weiterverfolgst, was Stillstand bedeuten würde und eine weitere Frustration zur Folge hätte. Meine Ziele und Visionen behalte ich deshalb immer bewusst für mich oder teile sie nur mit Menschen, von denen ich weiß, dass ich Zustimmung und Inspiration erhalte.

Ich wollte zum Beispiel immer einen italienischen Sportwagen besitzen. Am liebsten in Schwarz. Ich sah mich schon an einem lauen Sommerabend der Sonne entgegen flitzen. Allein und mit meiner Lieblingsmusik aus den Stereo-Lautsprechern. Ich wusste genau, dass meine Mutter als stolze Japanerin und sehr sicherheitsbewusster Mensch mir zu einem Japanischen, roten, weithin sichtbaren Auto mit möglichst wenig PS und einem auf 50 km/h gedrosselten Motor raten würde. Ich erzählte ihr deshalb nichts von meinem Traum und verheimlichte ihr eine Zeit lang auch den Kauf, weil ich genau wusste, dass Sie mir mit ihren Bedenken meinen Traum und meine Gefühle zerstört hätte.

Mein Ziel – einen schnittigen, schwarzen italienischen Sportwagen zu besitzen – stand mir so klar und intensiv vor Augen, dass ich sah, roch und hörte, wie es sich anfühlen würde, ihn eines Tages zu besitzen. Ich sah, wie ich auf den Flitzer zulief, den Schlüssel in der Hand; das Auto glänzte im Sonnenlicht. Ich öffnete in Gedanken die Türe, setzte mich hinein und roch das Leder des komfortablen Fahrersitzes. Ich drehte den Zündschlüssel und hörte, wie der Motor brummte.

Setze Dir ein Ziel und visualisiere es möglichst konkret. Genieße diese Vorstellung und koste sie voll und ganz aus. Die damit verbundenen Gefühle werden Dich bereits glücklich machen, auch wenn Du Dein Ziel noch nicht erreicht hast. So funktioniert es mit all unseren Träumen und Visionen. Allein das Gefühl, ein Ziel zu haben und es erreichen zu können, wird herrlich sein und ein Lächeln auf Dein Gesicht zaubern.

Dies wird dein Leben positiv verändern.

MACH ES WIE DIE JAPANER

Wir alle hatten wohl schon solche Tage: Du hast wieder mal verschlafen, frühstückst im Stehen und schüttest Dir dabei den Kaffee über die neue weiße Bluse. Nach dem hastigen Auftragen deines Make-ups siehst Du aus wie ein Showgirl in einem billigen Musical Off-Broadway. Du sprintest in deinen Highheels los, um den Zug nicht zu verpassen – mit gefühlten 24 Kilo Gepäck in Deinen Taschen –, wirst um ein Haar von einem Auto erfasst und verpasst den Zug dann doch noch um Sekunden. Du stehst fluchend und stampfend auf dem Bahnsteig und fragst dich: «Warum passiert das immer nur mir?! Was will Karma, diese Bitch, mir damit sagen?»

In solchen Momenten will man sich nur noch in Selbstmitleid suhlen, sich darin wälzen wie ein Schwein im Dreck. Am liebsten baden wir in diesem Gefühl dann den ganzen Tag, zelebrieren unser Unglück indem wir es mit anderen teilen und sind dabei kein bisschen produktiv.

In solch einer anscheinend ausweglosen Situation wäre bereits die Erkenntnis, dass wir uns in einer Selbstmitleids Schlaufe befinden, eine große Erleichterung und ein wichtiger Schritt, um aus der Misere herauszukommen. Gestehen wir uns doch einfach ein, dass unser Kopf übervoll mit wertlosen und negativen Gedanken war und dass wir möglichst viel aufs Mal erledigen wollten, weil wir mit allem in Verzug waren und uns nicht die Zeit gegönnt haben, die wir gebraucht hätten.

Hier folgt der erste Schritt einer bewährten Methode, um aus einer solchen Negativspirale herauszukommen: Lass den mit Fehltritten und Missgeschicken gespickten «Vormittag-zum-Vergessen» noch einmal in aller Ruhe Revue passieren. Gut möglich, dass Dir bei der Erinnerung an all die Missgeschicke ein Lächeln übers Gesicht huscht – was ein Geschenk ist, denn dann fühlst Du Dich schon wieder ein bisschen besser und Du kannst über Dich und die Situation lächeln, was auch sehr schön ist.

Als nächstes wäre es wäre natürlich toll, wenn wir eine Art „Pausenknopf" hätten, den wir in solchen Situationen drücken könnten. Dumm nur, dass uns innere Widerstände daran hindern. Wir suhlen uns lieber in Selbstmitleid, denn unser Gehirn suggeriert uns: «Nein, lass uns doch noch ein bisschen in diesem Zustand verweilen… Das kennen wir doch schon, das ist unsere gewohnte Umgebung. Wir wollen nichts Neues. Jetzt erst recht nicht! Wir können auch später noch darüber nachdenken, etwas dagegen zu tun.»

Mit diesem Mechanismus will uns unser Hirn vor Überforderung schützen. Das ist gut gemeint, bringt uns aber leider nicht weiter, denn wir stagnieren und kommen nicht ins Handeln.

Es ist eine große Herausforderung, uns gegen unser Gehirn und gegen unsere lieb gewordenen Gewohnheiten zu entscheiden, wenn unser Kopf übervoll ist mit Entschuldigungen und Ausflüchten und rund 59'000 Gedanken, die wir jeden Tag denken.

Wenn wir uns in einer derart verfahrenen Situation befinden, sollten wir als Erstes einfach mal tief durchatmen. Dieses Durchatmen ist unser «Pausenknopf». Du denkst jetzt vielleicht, «ich atme doch automatisch, sonst könnte ich dieses Buch ja gar nicht lesen». Da gebe ich Dir recht. Doch hier geht es nicht ums intuitive sprich automatische Atmen, sondern um das bewusste und tiefe Durchatmen, um das Befüllen Deiner Lungen mit frischem Sauerstoff, und das Auftanken Deines Gehirns.

Unser Gehirn benötigt ein Fünftel des Sauerstoffs, den unser Körper aufnimmt. Gib ihm, was ihm zusteht und noch ein bisschen mehr, indem Du einen schönen Gedanken denkst, während Du da liegst oder dasitzt und tief durchatmest. Der Gedanke muss nicht weltbewegend sein oder eine tiefere Bedeutung haben. Du kannst auch an Herbstblätter denken, an einen Frühlingsspaziergang am Waldrand, an das Blöken junger Ziegen auf dem Wanderweg oder an Schmetterlinge auf einer Sommerwiese. Hauptsache etwas Leichtes, Beflügelndes. Denk an etwas Positives und streng Dich dabei nicht allzu sehr an. Atme einfach bewusst durch. Nichts anderes, nur das.

Ich habe mich öfters in dieser oben erwähnten Situation „zum vergessen" befunden. Zu Viel Zeit habe ich mit unnötigen Zeitfressern verschwendet bis ich endlich kapiert habe, wie ich produktiver und glücklicher werden kann, ohne das Gefühl zu haben auf etwas verzichten zu müssen.

Ich bin von einer Japanerin erzogen worden. Unzählige Male hat meine Mutter versucht, mir zu erklären, dass es nichts bringt und auch nicht funktioniert, in der einen Hand ein Glas Orangensaft zu halten, in der anderen ein Sandwich, und mit einem Apfel im Mund seinen Lieblingssong pfeifen zu wollen. Ich wollte immer alles möglichst effizient machen, um

Zeit zu sparen oder – in den meisten Fällen – um verlorene Zeit wieder gut zu machen. Damit scheiterte ich regelmäßig.

Ich brauchte etwas Zeit, um die Hartnäckigkeit meiner Mutter zu verstehen und schließlich auch anzuerkennen. Heute empfinde ich tiefe Dankbarkeit dafür. Meine Mutter sagte immer: «Mach alles, was Du machst, mit Deinem ganzen Herzen.» Sie hielt mich an, meine ganze Aufmerksamkeit auf diesen einen Moment zu fokussieren und dieses eine Ding mit voller Hingabe auszuüben, egal, was ich gerade tat.

Darin sind die Japaner wirklich gut; das haben sie im Blut, sie sind achtsam. Die Achtsamkeit, im Moment zu sein, wird geradezu zelebriert: Wenn Du die Tür öffnest, öffne die Tür. Wenn Du Staub wischst, wische Staub. Wenn Du mit jemandem eine Konversation führst, dann konzentriere dich nur darauf – und lasse den anderen oder die andere ausreden!

Ein schönes Beispiel für die hoch gehaltene Tradition der Achtsamkeit in Japan ist die Teezeremonie: Wenn Du Tee einschenkst, schenke Tee ein. Wenn Du Tee trinkst, genieße den Tee. Es ist eine Zeit der Zentriertheit und der Anmut. Lebe den einen Moment und genieße diesen in vollen Zügen. Denk nicht an Dinge, die

Dir in der Vergangenheit passiert sind, die Du in der Vergangenheit getan oder gesagt hast. Denke nicht an die Zukunft oder an das, was noch passieren könnte. Nimm diesen Moment mit all deinen Sinnen wahr. Sei einfach im Hier und Jetzt und koste diesen einen Moment voll aus. Auch wenn es nur der Moment ist, in dem Du alleine und in aller Stille eine Tasse Tee trinkst.

Dies wird dein Leben positiv verändern.

MACH ES WIE DIE GLADIATOREN

Gehen wir mal einige hundert Jahre zurück in die goldene aber auch blutrünstige Zeit des römischen Kaiserreichs. In die Zeit als man noch Togen und Tuniken trug und im Amphitheater zur Unterhaltung und zur Belustigung der privilegierteren Gesellschaft Gladiatorenkämpfe, Tierhetzen, und Wagenrennen stattfand.

Es ist ein Tag zwischen dem 2. und 8. Dezember in Rom. Während dieser Tage fanden in Rom die Gladiatorenspiele statt. Du bist nun in der aussergewöhnlichen Lage Entweder sitzt Du auf den Rängen und schaust passiv zu und zeigst mit dem Finger auf die kämpfenden Gladiatoren oder Du trittst selbst in die Arena als Gladiator und kämpfst (auch als Frau, denn es gab tatsächlich auch weibliche Gladiatoren).

Als Introvertierte würde ich viel lieber mutlos auf den Rängen sitzen und den Gladiatoren in der Arena bei ihren Kämpfen zuschauen und diese dann natürlich auch dementsprechend bewerten aka „shit-stormen".

„Auf den Rängen sitzend" würden wir jedoch stagnieren, hätten nichts zu verlieren, würden aber bestimmt auch nichts gewinnen.

Heutzutage ein Gladiator zu sein, heisst: Sich verletzlich zu zeigen. Einfach mal einen Versuch wagen. Ohne das Wissen, wie es am Ende auskommt. Freunde dich mal mit dem Gedanken einer möglichen Niederlagen an. Sie wäre heutzutage nicht mehr so gravierend wie zu Zeiten der Gladiatoren.

Verletzlichkeit bedeutet, Risiko eingehen, eine gewisse Unsicherheit in Kauf nehmen, sich emotional ungeschützt präsentieren und das wichtigste dabei: Den Shitstorm vorbeiziehen lassen. Ich habe gelernt, daß es viel erfüllender ist, den Mut aufzubringen und selbst in die Arena zu schreiten und das mit einem Lächeln, denn mit der Zeit macht es unheimlich Spaß.

Wenn wir in die Mitte der Arena treten sind wir verletzlich. Jedesmal fühlt es sich am Anfang an wie ein riesiger, harter Kampf.

Dazu gibt es eine Gleichung:

Ist man nicht mutig, zeigt man sich nicht verletzlich, folglich generiert man keine Kreativität, keine Innovation, keinen Fortschritt und schlussendlich auch keine Freude.

- Ich war immer schon introvertiert und fühlte mich äusserst unwohl bei Networking Events oder bei Smalltalk oder auch bei sonst irgendwelchen Gelegenheiten bei denen ich etwas von mir erzählen musste. Lange Zeit habe ich meine Introvertiertheit als Entschuldigung für Momente des „auf den Rängen sitzen" genommen. Solche Momente der großen Entschuldigungen waren zum Beispiel:

- Geschäftliche Abendessen mit der Gelegenheit zu Networken.
- Auf Messen gehen um zu - was wohl - Networken.
- Eine Präsentation vor einem großen Publikum halten.
- Schwierige Mitarbeitergespräche führen.
- Meinem Lebenspartner meine Sorgen und Ängste bezüglich unserer Beziehung mitteilen.

Die Liste geht weiter und weiter…

Einige Male ging ich einfach nicht auf solche Messen oder zu sogenannten Networking Events und jedes Mal habe ich mich danach schlecht gefühlt und dutzende Entschuldigungen gesucht (…und nicht wirklich profunde gefunden). Ich habe mich gedrückt. Gedrückt mit der Entschuldigung, daß ich introvertiert bin und meine Arbeit auch gut machte ohne diese, für mich zu Beginn unangenehmen Gespräche über das Wetter oder über bestimmte Produkte. Ich habe meine Introvertiertheit als

Entschuldigung und nicht als Herausforderung gesehen.

Doch rückblickend muss ich eingestehen, habe ich bei vielen dieser Möglichkeiten - oder man könnte sagen: ausschließlich bei solchen Möglichkeiten - interessante Menschen kennengelernt, gute Gespräche geführt und bei Präsentation die ich gehalten habe, immer gutes Feedback erhalten und auch ein gewisses Mass an Wissen und Gefühlen dem Publikum oder meinem Gesprächspartner weitergeben können. Rückmeldungen zu Präsentationen haben mich ausnahmslos ermutigt noch mehr Präsentationen halten zu wollen und diese das nächste Mal noch besser zu machen. Hätte ich keine Präsentation gehalten, hätte ich kein Feedback zu nichts erhalten. «Schwierige» Gespräche mit meinem Lebenspartner haben uns und unsere Beziehung ausnahmslos gestärkt, wir sind uns jedesmal noch näher gekommen und haben mehr Respekt und Verständnis für die jeweilige Ansicht oder Situation des Gegenübers erhalten. Würden wir nicht mehr miteinander diskutieren, wären wir jetzt wohl WG-Partner oder noch wahrscheinlicher nicht mal mehr das. Es waren also immer genau die Situationen, die meine Persönlichkeit wachsen liessen, die ausserhalb meiner Komfortzone waren und wenn ich mich bewusst dahin begeben habe, war das Erlebnis immer phantastisch. Sobald ich erkannt hatte, daß es nur so funktionieren und ich nur so wachsen und auch mehr über mich erfahren würde, brachte ich vermehrt den Mut auf ‚Verletzlich zu sein und sprang (3-2-1) einfach mal rein in die Arena.

Ansichten

Doch was hat es in diesen - out of my comfortzone - Momenten von mir gebraucht?

Mut. Mut und auch das Wissen, daß ich scheitern kann. Es braucht Mut, verletzlich zu sein. Es braucht Mut sich zu entblößen, in manchen Situationen sogar bis auf die Knochen. Es braucht Mut und Wissen und Akzeptanz, daß es auch andere Ansichten gibt und diese Ansichten kommen immer von Menschen mit bestimmten Erlebnissen und Vergangenheiten. Durch Gelebtes und Überwundenes haben sich diese Ansichten gebildet und/oder verstärkt.

Mit dem Wissen, daß keine Ansicht oder keine Meinung absolut ist, auch meine und deine nicht, wird das Leben viel leichter und man denkt weniger oder vielleicht irgendwann gar nicht mehr darüber nach was andere denken könnten. Mögliche Gedanken anderer, machen uns unsicher und lassen uns nicht die Leistung erbringen die wir ohne diese Gedanken und Unsicherheiten erbringen würden.

Was mir am meisten im Weg gestanden ist oder mich am längsten bei der Veröffentlichung dieses Buches gehindert hat, war meine Angst. Meine Angst vor der möglichen Gedanken oder Ansichten von anderen Menschen. „Was denkt wohl diese Person aus meiner Vergangenheit? Oder was wird jetzt wieder über mich gesprochen?" Das passiert alles in meinem Kopf. Ich kann nicht mit 100% Garantie bestätigen, daß das so passiert. Und wenn das der Fall sein sollte, was für einen Einfluss hat das auf mein Leben? Was für einen Einfluss hat das auf die Leser meines Buches?

Keinen. Meine Angst aber hat mich lange davon abgehalten weiter zu schreiben. Bis ich es endlich begriffen habe.

Jede Person darf jegliche Gedanken haben, respektiere diese. Aber es hat keinen Einfluss auf deinen Weg. Und die Ansichten der anderen sollen keinen Einfluss auf deine Träume und deine Visionen haben.

Indem Du dich mehr auf dich, dein Handeln und dein Wohlbefinden konzentrierst, wirst Du erfolgreich und glücklich in deinem Leben. Keine Ansicht ist absolut. Weder Meine, noch Deine.

Dies wird dein Leben positiv verändern.

Erleben versus Wissen

Ich trinke Kaffee, viel zu viel Kaffee.
Ich trinke Alkohol, manchmal ein bisschen zu viel Alkohol.
Ich rauche, eine ist schon zu viel.
Ich trainiere zu wenig, oder manchmal auch über Wochen gar nicht.
Ich bin faul.
Ich weiss, daß ich was ändern muss.
Ich weiss, daß ich einiges ändern müsste in meinem Leben um mehr Wohlbefinden und mehr Erfolg in mein Leben zu bringen.
Aber jetzt grad nicht. Morgen, oder nächste Woche, oder halt einfach später.
Diese oder ähnliche Mantra's kennen wir wohl alle. Wenn wir uns in diesem Strudel von negativen Gedanken und Schuldgefühlen befinden, bleiben wir unproduktiv. Es wird sogar schlimmer. Das Bewusstsein der Unproduktivität zieht uns noch weiter nach unten und wir fühlen uns unnütz und beladen uns immer weiter mit Negativität.
„Aber es ist doch so schwer!!! So schwer, da

wieder rauszukommen und wieder produktiv zu werden!"

Stell Dir vor: Du liest gerade ein Rezept in einem Kochbuch. Du sammelst somit das Wissen, wie man ein wahnsinnig gutes Abendessen zubereiten kann.
Es ist ein Rezept von einem Gericht, das Du noch nie zubereitet hast. Während des Lesens des Rezepts kannst Du bereits vor deinem inneren Auge sehen, wie es dann fertig zubereitet auf den Tellern aussieht. Du kannst es förmlich riechen und sehen wie es aussehen würde.
Das Wissen allein macht aber leider noch niemanden satt.
Es braucht die praktische Erfahrung.
Erfahrung hat auch viel mit Fehlern zu tun. Das Erleben von Fehlern, das Überwinden deiner Fehler und das Aufstehen wenn Du hinfällst.

Wir alle scheinen zu wissen, wie man glücklich, erfolgreich , gesund und wohlhabend sein könnte, aber nur wenige sind es.
Welche Wertung gibst du somit deinem Wissen?

Welchen Wert hat dein Wissen, wenn du es nicht anwendest?

Wann warst Du das letzte Mal so traurig, hilflos und unproduktiv und voller Schuldgefühle? Versuch dir nochmal genau in Erinnerung zu rufen, wo Du damals warst, was Du getan hast und wenn es nur die Situation war, weinend im Bett zu liegen. Wenn Du dich genau an diese Situation erinnern kannst, wirst Du merken, daß die verschiedenen Gefühle sich nun auch wieder einschleichen und Dich wieder an dir und an deinem Handeln zweifeln lassen.

Du kannst diese Situation und diese Gefühle so stark nachfühlen, weil Du diese Situation aus deinem Gedächtnis wieder aktiviert hast, weil Du diese Situation bereits erlebt hast.

Daßelbe gilt mit positiven Erlebnissen. Auch diese können wir wieder aktivieren und das Gefühl der Freude wieder erleben.

Um uns an solche Gefühle erinnern zu können, müssen wir erst solche schönen Erlebnisse erleben, welche diese Gefühle dann generieren. Wir können diese Erlebnisse und die dazugehörenden Gefühle dann bewusst abspeichern.

Wir alle kennen die Regeln des Erfolgreich-seins, doch wiederum gibt es nur wenige Menschen die wirklich sehr erfolgreich sind.

Du weisst, Du musst etwas ändern. Du hast die Bücher gelesen, die Seminare besuchst, die Podcasts gehört, etc.

Sollen wir einfach liegen bleiben und noch ein bisschen warten? Vielleicht noch ein bisschen länger warten? Und dann noch ein wenig länger?

Bleiben wir auf all den guten Vorsätzen, die wir uns jedes Jahr aufs neue vornehmen, einfach sitzen und träumen weiter von unserem Ideal-Leben mit dem Wissen, wie es eigentlich aussehen könnte und wie wir dahin kommen?

Die einzige und wichtigste Zutat die uns jetzt noch fehlt ist das Tun.

Begib dich in einen anderen Modus und beende das Warten und Träumen und Tu es. Beginn am besten mit dem kleinsten und einfachsten Schritt.

Folgendes kann dir bei deinem ersten Schritt helfen:

Schreib Dir eine kleine To-do Liste. Diese To-do Liste ist deine Liste und kann alles enthalten, was Du erledigt haben willst. Selbst die

Kleinste noch so unbedeutendste oder selbst-
verständlichste Aufgabe kann da drauf stehen.
- Duschen
- Bett machen
- Meditieren
- Mit dem Hund raus
- Abfall raus bringen
- 2 Kapitel in meinem Buch schreiben
- Gläser entsorgen
- Mittagessen kochen
- 1 Stunde Workshop vorbereiten
- 30 Minuten aufräumen
- Geburtstagsparty Einladungsliste erstellen
- Etc....

Ich schreibe mir, wie Du soeben gelesen hast,
sogar Aufgaben oder Dinge auf meine To-do
Liste, die selbstverständlich sind. Und jedesmal, wenn ich etwas erledigt habe, mache ich
ein Häkchen davor, sprich: ist erledigt. Damit
erhalte ich mit jedem Mal mehr Motivation für
die nächste Aufgabe auf meiner Liste. Diese
Liste kann man dann natürlich jederzeit anpas-
sen oder erweitern.
Genau so funktioniert es auch mit grösseren
Erledigungen. Wenn wir grössere Ziele haben,
brechen wir diese in kleinere Zwischenritte

hinunter und bei der Erledigung von den kleinen Aufgaben gewinnen wir immer mehr Motivation und Momentum für die nächsten Schritte.

Wir Menschen brauchen eine gewisse Struktur im Leben. Mit einer solchen - auf den ersten Moment sinnlosen - To-do-Liste, geben wir uns die erwünschte Struktur und erleichtern es unserem Hirn produktiver zu sein und wir gelangen in einen anderen Modus und bekommen Freude an der Erledigung der kleinen Dinge.

Wir kommen in einen Strudel des Tuns und des produktiv seins.

Vielleicht sind wir dann das nächste Mal beim Erstellen der To-do Liste etwas ausgefallener und schreiben dann den Punkt „ins Training gehen" oder „einen alten Freund anrufen" oder „Blumen kaufen für zuhause" drauf. Wenn wir etwas bewusst Tun, erhalten wir ein Stück Selbstwirksamkeit zurück und viel Inspiration und Stärke für noch mehr und noch grössere Dinge, die noch vor uns auf unserem Weg liegen.

Mit dem Erstellen von To-do Listen stellst Du bewusst die Weichen in die gewünschte Richtung und bereitest dein Hirn darauf vor Dinge zu tun und diese folglich zu erfahren. Egal wie klein oder wie überwältigend diese Aufgaben auch sein mögen.

Indem Du die Dinge tust und die Aufgaben erledigst, kommst Du weiter und wirst produktiver und somit inspirierter, zufriedener und glücklicher.

Dies wird dein Leben positiv verändern.

DANKE STATT ENTSCHULDIGUNG

Wie oft haben wir uns schon entschuldigt. Entschuldigt für das zu spät kommen, oder weil wir etwas vergessen haben oder wir jemanden enttäuscht haben, oder eine Deadline nicht eingehalten haben oder einfach etwas vor uns hergeschoben haben und es somit nicht erledigt haben. Es git Situationen, da sind Entschuldigungen definitiv angebracht.
Wir entschuldigen uns aber leider viel zu oft. Und damit machen wir uns klein.
Es gibt aber auch Menschen, die können sich überhaupt nicht entschuldigen. Auf der anderen Seite gibt es Menschen, die Entschuldigen sich für alles, sogar für das Wetter oder allein ihre Anwesenheit. Beides ist nicht das, wofür Entschuldigung steht. Entschuldigt sich jemand immerzu für alles und jeden, verliert das Entschuldigen seine Wirkung und Meinung.

Sich zu entschuldigen zeugt von Anstand und kann je nach Situation ein Zeichen von innerer Grösse sein. Wir sollten aber achtvoll mit dem Entschuldigen umgehen.

Wenn wir uns entschuldigen, stossen wir die Schuld von uns weg.

Ent - schuldigen.

Dies ist in unserem Körper und Unterbewusstsein jedoch konträr gespeichert. Wir beladen uns mit dem Akt der Entschuldigung mit Schuld und bekommen ein schlechtes Gefühl und Gewissen dabei.

Das Ziel wäre doch aber ein ganz anderes, nämlich der anderen Person danke zu sagen, daß diese trotzdem auf dich gewartet hat, obwohl Du zehn Minuten zu spät bist. Oder dich für das entgegengebrachte Verständnis zu bedanken.

Stell Dir nun bitte die folgende Situation vor:

Du hast eine Besprechung mit deiner Vorgesetzten und bist rechtzeitig im Sitzungszimmer und gehst dir die Notizen, die Du dir zuvor gemacht hast, nochmals durch. Du bemerkst, daß Du bereits fünf Minuten im Besprechungszimmer wartest und noch niemand in der Nähe ist.

Du wartest.

Nach weiteren fünf Minuten erscheint deine Vorgesetzte, etwas ausser Atem und bedankt sich für deine Geduld und dein Warten und erklärt auch gleich, weshalb sie sich verspätet hat.

Was hast Du nun für ein Gefühl?

Du hast wahrscheinlich Verständnis für ihre Situation, denn dein Gegenüber hat sich bei Dir bedankt. Bedankt für dein Warten und für dein Verständnis. Dir wurde Dankbarkeit entgegengebracht. Und deine Vorgesetzte hat die Schuld nicht von sich gewissen.

Nun stell dir genau dieselbe Situation noch einmal vor:

Du hast eine Besprechung mit deiner Vorgesetzten und bist rechtzeitig im Sitzungszimmer und gehst dir die Notizen, die Du dir zuvor gemacht hast nochmals durch. Du bemerkst, daß Du bereits fünf Minuten im Besprechungszimmer wartest und noch niemand in der Nähe ist. Du wartest. Nach weiteren fünf Minuten erscheint deine Vorgesetzte, etwas ausser Atem und entschuldigt sich für ihr zu spät kommen. Mit der Entschuldigung übernimmt sie jedoch keine Verantwortung für die Situation sondern weisst diese von sich, was dein Bild von ihr im Unterbewusstsein etwas bröckeln lässt.

Was hast Du jetzt für ein Gefühl?

Der Unterschied ist ziemlich überraschend.

Du hast bei der ersten Situation ein Dankeschön erhalten und bei der zweiten ein Entschuldigung, das sich auf deine Vorgesetzte bezogen hat. Sie hat mit der Entschuldigung die Schuld von sich gewiesen und alles andere für ihre Verspätung verantwortlich gemacht.

Die Situation ist genau dieselbe, jedoch hast Du bei der einen ein Dankeschön und bei der anderen ein Entschuldigung erhalten.

Das Wort Danke ist unglaublich machtvoll.

Das wird auch Tausenden von Sales-Mitarbeitenden in Callcenters so beigebracht.

Wann hast Du das letzte Mal in einer Warteschleife irgendwelche Jazzmusik gehört, als Du in einem Callcenter angerufen hast, weil Du eine Frage zu einer Rechnung oder einem Kontoauszug hattest? Und als Du dann nach ein paar Minuten des Wartens von einer -hoffentlich- freundlichen Stimme hörst „vielen Dank fürs Warten Herr …. Frau ….. hattest Du wahrscheinlich im Allgemeinen ein besseres Gefühl als wenn man sich am anderen Ende entschuldigt hätte. Es wird wohl seinen Grund haben ,daß sich die Callcenter Mitarbeitenden immer bedanken und nicht entschuldigen „Bedanke dich bei den Anrufern fürs warten und entschuldige dich nicht bei ihnen."

Versuche es das nächste mal, wenn Du in einer ähnlichen Situation bist doch auch mal und bedanke dich anstatt Dich zu entschuldigen, oder wenn Du zu der Sorte von Menschen gehörst, die sich gerne und zu oft entschuldigen, dann atme statt dessen einfach mal tief durch und lächle.

Dies wird dein Leben positiv verändern.

HIRNSANIERUNG

Kannst du dich noch daran erinnern, wie du als sechsjähriges Kind warst, was Du gedacht hast und wie Du dich gefühlt hast, als Du zum Beispiel den ersten Schnee des Jahres gesehen hast?

Ich hatte den hartnäckigen Ruf, verträumt zu sein. In der Schule sah ich im Sommer tatsächlich viel lieber den Vögeln und Schmetterlingen zu und im Winter den Schneeflocken beim kurzen Tanz ihres Lebens, als der Lehrerin zuzuhören. Ich versank in meine Phantasie und das in Nanosekunden. Das Zurück ins Hier und Jetzt fiel mir dann aber umso schwerer. Meine Noten waren dann auch dementsprechend miserabel. Aber mir ging's gut. Heute hätte man bei mir ohne große Abklärungen ADS diagnostiziert. Ohne große Abklärung – nicht, weil meine Eltern nachlässig gewesen wären, nein. Sondern weil es so offensichtlich ist, daß ich eine Träumerin bin und meine Aufmerksamkeitsspanne nicht mal die eines Goldfisches erreicht.

Nun bin ich in der etwas - mir fällt dazu tatsächlich nur ein Wort ein - doofen Lage, daß ich meiner Tochter einen Teil der Gene mitgegeben habe und Sie somit ADS/ADHS von mir mitbekommen hat. Und natürlich wurde ich mir meiner «Schwäche» erst mit den Abklärungen meiner Tochter so richtig bewusst. Ich habe den grössten Teil meines Fokus auf diese eine Schwäche gelenkt und ich wollte etwas dagegen unternehmen. Ich habe angefangen ganz viel verschiedenen Content aufzusaugen. Von Ernährung über Umwelteinflüsse bis hin zu Meditation. Ich war wie ein Schwamm.

Schlussendlich bin ich dann auch bei Meditation hängengeblieben. Ich habe viel recherchiert und habe dann kurzentschlossen und sehr motiviert verschiedene Kurse absolviert.

Aber: Wenn es Dir ähnlich geht wie mir damals, dann schreckst Du wahrscheinlich erstmal ein bisschen zurück, wenn Du "Meditation" hörst.

Vielleicht hast Du das ein oder andere Mal gehört, daß man bei einer Meditation keine Gedanken haben darf oder daß Du erst gut in der Ausübung der Meditation bist, wenn Du während der Meditation keine Gedanken hast. Dem ist aber nicht so. Wir haben ständig Gedanken. Die Hauptfunktion unseres Gehirn ist es, Gedanken zu generieren und denen nach-zugehen. Wenn Du mal versuchst, einfach nur dazu sitzen und versuchst keine Gedanken zu haben, wirst Du dich verkrampfen und kläglich versagen. Das ist natürlich demotivierend.

Ich war zum Glück ein bisschen "vorbelastet" durch die Herkunft meiner Mutter und schon früh mit Buddhismus, Shintoismus und einer Art von Meditation in Berührung gekommen.

Aber sind wir das nicht schon alle?

Meditation ist meiner Meinung nach ver-gleichbar mit Beten oder sich stark auf etwas bestimmtes zu fokussieren. Ob das Beten Richtung Mekka, vor einem Kreuz oder vor der Klagemauer oder sonst einer Reliquie voll-zogen wird, kommt nicht darauf an. Es geht um den Fokus.

Und genau dieser Fokus wird während einer Meditation geübt. Wenn Gedanken während einer Meditation kommen, kann man sie als erstes einfach mal akzeptieren und dann vor-beiziehen lassen. Denn jeder Gedanke hat sei-ne Berechtigung.

So haben auch Vorurteile ihre Berechtigung, denn sie sind das Ergebnis unserer Erfahrun-gen, unserer Erziehung und unseres kulturellen

Hintergrunds. Eine Berechtigung zu haben, heisst jedoch nicht, daß etwas förderlich für unser Wohlbefinden ist. Wie wäre es, wenn Du die Vorurteile einfach mal abwirfst? Die sind bloß Ballast.

Von Hitman hin zu absolutem Frieden
Ich meditiere jetzt regelmäßig jeden Morgen gleich nach dem Aufstehen. Meditation hat mir geholfen, meine Aufmerksamkeitsspanne von fast-Goldfisch-Level auf Hitman-Level upzugraden. Plus: Meine Motivation, alltägliche Aufgaben die mir überhaupt nicht liegen sofort zu erledigen, ist dramatisch gestiegen. Ich habe mein Gehirn einer Wäsche und einer Sanierung unterzogen, und das erleichtert mir seitdem das gesamte Leben und macht mich effizienter und auch dankbarer. Die von mir so salopp geschilderte Sanierung nennt man im Fachjargon Neuroplastizität oder Neuronale Plastizität.

Neuroplastizität
Eine Reihe von Forschungsarbeiten zeigen, daß bestimmte Gehirnareale sich unter dem Einfluss von Meditation dauerhaft verändern können. Neuroplastizität ist hier das Stichwort.

Neuroplastizität umschreibt die Fähigkeit unseres Nervensystems und insbesondere unseres Gehirns, sich kurz-, mittel- und langfristig zu verändern, was einhergeht mit lebenslangem Lernen und der Anpassung an veränderte Lebensumstände.

„Was Hänschen nicht lernt, lernt Hänschen nimmermehr."

Diesen Satz können und müssen wir ad acta legen. Er stimmt nicht. Wir können auch noch im fortgeschrittenen Alter Neues erlernen, wenn wir wollen.

Neuroplastizität ist die Fähigkeit unseres Gehirns sich selbst zu ändern und sich immer weiter zu verbessern. Das Präfix „neuro" bezieht sich auf die Neuronen in unserem Gehirn. Und das Suffix „Plastizität" meint, dass es veränderbar ist.

Das bedeutet nichts anderes als, dass unser Hirn sich stetig verändert und wir mit Übung diese Veränderung auch selbst in die Hand nehmen können. Eine dieser Übungen ist die Meditation.

Heute wird Meditation wohl mehr denn je als Entspannungsmethode eingesetzt und kommt auch in verschiedenen Psychotherapien zum Einsatz. Es handelt sich bei der Meditation um eine Achtsamkeits- und / oder Konzentrationsübung.

Wissenschaftliche Studien zeigen, daß regelmäßiges Meditieren bei gesundheitlichen Problemen wie zum Beispiel Bluthochdruck, zu hohem Blutzuckerspiegel, zu hohen Cholesterinwerten, Stress und Angstzuständen helfen kann. Dazu verbessert sie die Gehirnaktivität und macht stressresistenter, also Resilient.

Mit der täglichen Ausführung einer 10 bis 15 minütigen Meditation verändern wir unser Gehirn und können in Folge besser mit Stress und deren Auswirkung auf unser Wohlbefinden umgehen und können es in die gewünschte Richtung lenken.

Jetzt noch kurz was zu heutigem Stress

Da ich eben von Stress geschrieben habe noch kurz was zu Stress. Wir Menschen versuchen immer wieder stressige Situationen zu vermeiden und dadurch setzen wir uns noch mehr unter Stress.

Und jetzt kommt's:

Der Mensch braucht kurzzeitigen Stress um auf Hochtouren zu kommen, um entweder ein

Ziel zu erreichen oder um vor einer Bedrohung, zum Beispiel einem Säbelzahntiger, zu flüchten.

Hochleistungssportler erfahren diesen Stress vor einem Wettkampf oder eine Tänzerin vor einer Aufführung oder unsere Vorfahren auf der Jagd oder auf der Flucht. Dieser Stress soll aber möglichst schnell wieder abklingen sobald das Ziel erreicht wurde, die Bestleistung erzielt oder die Flucht erfolgreich war. Das ist heute leider nicht mehr ganz so einfach, da wir nach jedem Ziel wieder ein weiteres zu erfüllen haben oder gleich zwei oder drei Ziele nebeneinander zu erreichen haben. Oder der Stress ist bereits so in unseren Alltag integriert, dass wir in nicht mehr bewusst als Stress wahrnehmen unser System aber immer unter diesem stetigen latenten Druck leidet.

Wir haben jedoch die Wahl: Wir können ein Leben leben, das kein Stress integriert. Dann sprechen wir von Stagnation, und das ist wie leblos oder bewusstlos dahinvegetieren. Wählt man nicht die Stagnation, sondern möchte ein Leben mit Erfüllung und vielen Zielen leben, brauchen wir etwas, womit wir den Stress bewusst wieder reduzieren können und ein gesundes und glückliches Leben leben.

Ein Teil meines Rezepts um wieder Stressfrei zu sein, quasi um zu Überleben in der heutigen Zeit und das zudem noch ziemlich glücklich, ist täglich praktizierte Meditation. Ein kurzes und bewusstes Innehalten und die Sinne schärfen.

Und was bringt Dir Meditation jetzt im Alltag? Nachfolgend findest Du ein paar Argumente, falls Dir das oben stehende noch zu wenig Fleisch am Knochen war: Es sorgt für Ruhe, sprich, Du drückst den Pauseknopf hinter deiner Stirn.

Im normalen Wachzustand denken wir pausenlos nach, ohne es zu bemerken. Unsere Gedanken kreisen ständig. Manchmal bewusst, aber meistens feiern unsere Gedanken eine riesige Silvesterparty in unserem Hirn. An und für sich ist das ganz normal. Unser Geist ist ständig in Bewegung und somit ständig auf „on". Allerdings kann das ständige Gedankenkreisen heftigen Stress auslösen, da es uns unter anderem an unsere To-do-Liste erinnert, ohne daß wir eine tatsächliche To-do-Liste führen oder es kann uns nachts um den Schlaf bringen. Da kann Dir eine tatsächliche To-do-Liste in Kombination mit Meditation helfen, mal die Pause-Taste zu drücken. Es geht dabei nicht um das Entfernen der Gedanken, aber darum die Gedanken loszulassen und zu sortieren. Meditation hilft auch beim sich bewusst machen, dass wir nicht unsere Gedanken sind, sondern dass wir diese durch unser Denken, unsere Vergangenheit und Erfahrungen selber hervorrufen.

Du bist nicht das was Du denkst oder fühlst.

Meditation erhöht Bewusstsein und Konzentration

Es gibt verschiedene Meditationstechniken, eine davon ist, sich voll auf seinen Atem zu konzentrieren. Durch den Fokus auf den eigenen Atem versetzt man sich ganz bewusst in den aktuellen Moment, im übrigen den einzigen Moment den wir haben und der einzige Moment in dem es im Leben geht. Vergangene Sorgen und zukünftige Pläne verblassen. Alles was zählt, ist das Jetzt. Auf diese Weise wird der eigene Geist trainiert bei einer Sache zu bleiben und zwar ohne Ablenkung. Das fördert die Konzentrationsfähigkeit und lässt uns über die Zeit präsenter, klarer und bewusster und somit glücklicher leben.

Meditation unterstützt den Stressabbau

Während einer Meditation sinken der Blutdruck und der Puls. Es entsteht ein wunderbares Nebenprodukt: die Entspannung. Neben dem Geist kommt auch der Körper zur Ruhe.

Wenn wir körperlich gestresst sind, ist der meistens Auslöser in unseren Gedanken zu finden. Zum Beispiel: Stehen wir vor einer wichtigen Prüfung, bekommen wir Schweißausbrüche, zittrige Hände und unser Fokus ist „flutsch" weg. Wenn wir in so einer Situation, in der wir uns von unseren Gedanken an diese bevorstehende Prüfung lenken lassen, kurz innehalten und uns auf unseren Atem konzentrieren, dann verlangsamt sich der Puls und der Körper kann auch wieder auf Normalzustand runterfahren.

Meditation führt zu mehr Gelassenheit

Man kann durch Meditation eine gewisse Distanz zum Wirrwarr in unserem Kopf entwickeln. Dasselbe gilt für unsere Gedanken, die meistens unsere Gefühle und unser Handeln, sprich unsere Reaktion steuern. Ich sehe meine Aufgabe als Meditationstrainerin darin, Dir ein Ass für deinen Ärmel mitzugeben, damit Du dem Sturm hinter deiner Stirn endlich mal eine

Verschnaufpause geben kannst und Dir somit ein gesünderes und glücklicheres Leben gönnst.

Laut der National Science Foundation gehen dem Menschen täglich rund 60.000 Gedanken durch den Kopf – egal, ob der Mensch kurz vor der Erleuchtung oder dem Burnout steht.

Milliarden von Informationen, viele davon mit negativer Schwingung, fluten unser Nervensystem.

Lernen wir in der heutigen Zeit nicht aktiv, uns vom Dauerstress zu lösen und mal bewusst die Pausetaste zu drücken, sind folgende Symptome oder Erkrankungen möglich: Cholerische Ausbrüche, Verdauungsprobleme, dauernde Müdigkeit, Herzkrankheiten, Bluthochdruck, Kopfschmerzen, Stress, Burnout.

Meditation gibt Dir die Fähigkeit, das gedankliche Trommelfeuer mal aus der Ferne zu beobachten und bewusst das Gefühl und das Wissen zu erlangen, dass Du nicht dieses Trommelfeuer bist, sondern dies nur ein Nebenprodukt ist. Durch die tiefe Ruhe und Entspannung (welche übrigens tiefer ist als wenn wir schlafen) lösen wir Blockaden, Stress und Spannungen, der Geist wird freier und wir sehen klarer, unsere Psyche wird ausgeglichener und harmonischer, der Körper entspannt sich einfacher und unser Verhalten ist stressfrei und entspannt. Noch ein Bonus: Je freier unser Geist und unser Herz von Spannungen und Stress sind, umso wacher sind wir innerlich: Unsere Intuition wächst und wir nehmen diese auch bewusster wahr. Wir handeln häufiger richtig und sind dabei entspannt und glücklich. Und noch ein weiterer Bonuspunkt ist die verbesserte Konzentrationsfähigkeit, da man lernt sich auf eine Sache zu konzentrieren. Man wird somit auch effizienter und erreicht seine Ziele schneller.

Vielleicht möchtest Du es jetzt mal versuchen mit einer kurzen Pause?

Dies wird dein Leben positiv verändern.

ROUTINEN

Wenn wir arbeiten oder uns einfach mal auf ein Ding fokussieren wollen, ist es sehr förderlich dies nicht auf Spielplatz zu tun während vierzehn Kinder um Dich und auf Dir rumturnen, Dir ins Ohr schreien und miteinander um die Spielzeuge streiten. Wir sind immer produktiver und konzentrierter in einem aufgeräumten, organisierten und klaren Umfeld.

Das Problem mit unaufgeräumten oder überfüllen Umgebungen ist, dass unser Fokus nicht auf einem Ding oder einer Arbeit bleiben kann und die Atmosphäre von Unordnung ist alles andere als Inspirierend und Motivierend. Das Potenzial einer möglichen Ablenkung ist einfach zu hoch.

Das Aufräumen von unserer Wohnung oder unserem Zimmer ist ein Aufwand, der Energie braucht und auch Konzentration und meistens auch grosse Überwindung. Nun konntest Du dich mal motivieren und überwinden, alles aufzuräumen und das Ergebnis beglückt dich. Dieser Zustand ist aber meistens nach spätestens vier Tagen wieder wie weggezaubert. Es sieht wieder aus wie wenn Du eine Kindertagesstätte mit zwanzig Kindern jeden Alters in deinem Zimmer hättest. Es herrscht wieder absolutes Chaos. Du musst Dich nun wieder mit dem Ordnen und Aufräumen beschäftigen oder Du resignierst und lässt es damit noch schlimmer werden. Du kannst Dich wieder nicht auf deine Arbeit konzentrieren oder dich liebevoll und mit ganzer Hingabe um deine Kinder kümmern.

Dieser Zustand ist ablenkend und lässt Dich nicht gut fühlen.

Kannst Du dich daran erinnern, als Du das letzte Mal eine blitzblanke Wohnung hattest und jedes Ding hatte seinen Platz? Die Erinnerung an dieses Gefühl ist sehr befriedigend und wohlig, richtig? Es ist auch sehr inspirierend! Denn fruchtvolle Ideen entstehen in geordneten Umgebungen und können auch in solchen besser und effizienter weiterverfolgt werden.

Nun sage ich aber nicht, dass wir alle zwei Wochen eine Komplettsanierung deiner Wohnung in Angriff nehmen müssen. Nein. Wir müssen unser Verhalten und unsere Routine diesbezüglich ändern. Nutze die Motivation deiner nächsten Aufräumaktion und gib jedem Ding in deiner Wohnung oder in deinem Zimmer *seinen* Platz. Dies hat auch etwas mit respektvollem Umgang mit deinem Hab und Gut zu tun. Denn jedes Ding bekommt die Wertschätzung die es verdient und sei das nur ein Löffel, eine Unterhose oder ein Buch. Nun lege nach jedem verwenden eines deiner Gegenstände diesen wieder an seinen Platz zurück. Auch wenn Du denkst, dass Du es in einer halben Stunde sowieso wieder brauchst. Lege es zurück. Lass es zu einer Routine und zu einer unangestrengten Handlung werden.

Was bei dieser Methode bestimmt förderlich ist, wenn man eine Art Minimalismus lebt. Desto weniger Krimskrams in deiner Wohnung, umso einfacher ist es, jedem Ding die Wertschätzung entgegenzubringen.

Unsere Umgebung kann tatsächlich unsere Routinen beeinflussen. Aber: Wir haben die Macht unsere Umgebung zu unseren Gunsten zu ändern.

Sprich: Nimmst Du dir vor, jeden Tag vier bis fünf Früchte zu essen, ist es einfacher wenn diese in einer Schale auf einem Tisch in der Mitte der Wohnung einen sehr präsenten Platz erhalten. Somit läufst Du mehrere Male am Tag an dieser Schale vorbei und wirst dabei immer an dein Vorhaben erinnert. Sind die

Früchte aber im Kühlschrank in der Schublade ganz hinten, werden Sie wohl noch die nächsten Wochen dort verbringen, bis Du diese dann leider in den Kompost werfen musst.

Ich habe mir in der Zeit der Quarantäne infolge Covid 19 mit meinem Partner angewöhnt jeden Tag etwas Sport zu machen. Wir haben dies immer zusammen getan, da wir wussten, dass wir das alleine nicht durchziehen würden. (Ein schöner Nebeneffekt ist in solchen gemeinsamen Vorhaben auch, dass der gegenseitige Respekt wächst.) Ich habe mir gleich am Morgen die Sportsachen bereit gelegt und mich damit immer wenn ich an ihnen vorbei lief daran erinnert, dass da ja noch was auf mich wartet. Und ja, am Anfang war es kein Zuckerschlecken, die Übungen waren hart und das Durchführen keine grosse Freude, aber mit dem Ziel vor Augen und auch dem Gegenteiligen Bild vor Augen war die Motivation dann doch grösser, und es viel mir einfach die Sportkleidung anzuziehen. Das Wissen, dass wir dies gemeinsam durchziehen hat bestimmt auch geholfen. Aber auch wenn man keinen Partner/Rechenschaftspartner hat, wenn man sich dazu entscheidet, sich seinem Ziel zu widmen und es die ersten Paar Tage oder vielleicht auch Wochen noch mit einem inneren Kampf zusammenhängt, es ist eine Entscheidung dein Verhalten zu ändern.

Es ist nur eine Entscheidung.

Eine Entscheidung für dein langfristiges Wohlbefinden oder eine Entscheidung dagegen.

Solltest Du merken, dass Zweifel aufkommen, sag Dir einfach: Achtung, Fertig, Los! Und tu es.

Dies wird dein Leben positiv verändern!

Und nun:
Transformationsspiele!

Wie kommt es, daß es glückliche und unglückliche Menschen gibt?

Gibt es dafür überhaupt eine Definition?

Es ist wohl so, daß es für jeden einzelnen von uns unterschiedliche Momente des Glücks gibt. Das Gefühl kann ungefähr so umschrieben werden, daß man alles andere vergisst und sich im „Flow" fühlt. Es kann auch leicht gepaart mit physischen Reaktionen zu Tage kommen. Hühnerhaut und Tränen können zum Beispiel solche Reaktionen sein. Solche Momente des Glücks kann man auch üben und sich wieder ins Gedächtnis rufen und sie somit wieder erleben. Vor allem nützlich sind solche Momente, wenn es uns nicht besonders gut geht, wir nicht produktiv sind, alles vor uns herschieben und schlussendlich in eine andere Gefühlslage kommen möchten.

Kannst Du dich an den letzten solchen Moment erinnern? Spürst Du wie sich mit der Erinnerung daran das Gefühl plötzlich und unerwartet wieder ein wenig hochkommt? Das wichtigste dabei ist, daß Du dich genau in solchen Momenten auf nichts anderes fokussieren kannst. So soll es auch sein. Übe diesen Zustand! Er ist einer der Wege zu mehr Glück in deinem Leben.

Ich möchte Dir im folgenden ein paar Schritte, konkrete Werkzeuge und Spiele zu mehr Zentriertheit, Produktivität, Leichtigkeit und Glücklich sein mit auf den Weg geben. Diese können, wenn täglich geübt und bewusst eingesetzt, tatsächlich einen grossen Einfluss auf dein Wohlbefinden haben und dich dich grundsätzlich glücklicher und resistenter machen. Wenn Du es einmal versuchst und dann aber nicht mehr, brauchst Du keine Schuldgefühle oder ähnliches zu haben. Das belastet nur und das ist das Letzte was ich mit diesem Buch bewirken will. Betrachte es einfach wie ein Spiel und dann wird das Ganze keinen Druck auf dich ausüben. Es geht um Dich und dein Glück und daß dieses Glück aus Dir auf andere strahlt und Du so einen positiven Einfluss auf diese Welt in diesem Moment hast.

Auf den folgenden Seiten findest Du zwölf Übungen. Es sind Übungen, welche tatsächlich auch als Spiele angesehen und durchgeführt werden können. Denn alles in diesem Buch sollte Spaß machen und nichts soll erzwungen werden.

Es geht um die Reise. Unser Leben als Reise. Wenn Du dich ein bisschen aus dem Fenster lehnst und die Reise mit einem Ziel versiehst und im Moment lebst, wird diese Reise - deine Reise - eine unglaubliche und leichte Reise.
Es wird nicht immer leicht sein, aber Du wirst am Ende deiner Reise sagen können „ Es war eine gute Reise und es hat sich alles gelohnt."

Dies wird dein Leben positiv verändern.

TRANSFORMATIONSSPIEL 1.

DIE WICHTIGEN DREI

Wenn Du auf dein bisheriges Leben zurückblickst und weit in die Vergangenheit zurück gehst, nämlich in deine Kindheit oder in deine Jugendjahre, an welche schönen Momente kannst Du dich erinnern?

War es dein erster Kuss mit deinem Schulschatz? Ein Spiel mit deinen Freunden im Wald an einem wunderbar warmen Sonntagnachmittag? Ein Familienereignis mit viel positiven Emotionen? Das Bestehen der Fahrprüfung und das Gefühl der Erleichterung und von Stolz? Ein Besuch in einem Kindertheater, das dich in deiner Phantasie beflügelte?

Diese Art von Ereignissen stehen in unseren Erinnerungen ganz oben, doch nicht nur die Erinnerung an solche „grossen" Momente zaubern uns ein Lächeln aufs Gesicht. Schon das Anhäufen von solchen Momenten in unsere Archivbox kann ungemein schön sein.

Ich lehne mich gerne bewusst zurück und genieße die Dinge und Momente, die ich zuvor getan habe und schätze die Menschen und Dinge, mit denen ich solche Momente erlebt habe. Ich mag es sehr, alte Fotos von meiner Familie anzuschauen und schätze alles, was ich zuvor in meinem Leben erlebt habe. Ich liebe es, mich an meine Kindheit zurückzuerinnern und all die Emotionen die mit den Abenteuern zusammenhängen wieder hervorzuholen und zu fühlen.

Ich weiß, daß viele Menschen in ihrer Vergangenheit schmerzliche und schmerzhafte Erlebnisse und Erinnerungen erlebt haben. Diese Erlebnisse haben uns zu dem werden lassen, was wir heute sind. Wir haben Erfahrungen gemacht und diese prägen uns. Die Erinnerung an solch schmerzhafte Erlebnisse ist meistens bedrückend und hilft uns leider nicht in unseren Happy state zu gelangen.

Deshalb möchte ich mich auf die positiven Erinnerungen und Erlebnisse konzentrieren und diese auch pflegen und für die Zukunft anhäufen.

Die Erlebnisse, die uns ein Lächeln auf unser Gesicht zaubern, müssen nicht gross sein. Es sind die kleinen Dinge, die kleinen und kurzen Momente die einen grossen positiven Einfluss auf uns haben und uns in unseren Happy state und somit wieder in unsere Produktivität bringen.

Beginnen wir mit dem Anhäufen:

Schreibe dir jeden Abend drei Dinge auf, die dich diesen Tag lächeln ließen oder dich in die Nähe des „Flow-Zustandes" gebracht haben. Solche Flow-Zustände lassen dich für einen Moment alles andere vergessen.

Ein paar Beispiele aus meinem Leben:

1. das lächelnde Gesicht eines mir unbekannten Kleinkindes im Bus auf dem Weg in die Stadt.

2. Im Zug sitzend, wärmt die Sonne mein Gesicht und wenn ich die Augen öffne, geblendet von der Sonne, muss ich blinzeln.

3. Das Geräusch wenn ich im Herbst durch Laub gehe.

4. Das Gefühl in meinen Füssen von knirschendem und frischem Schnee unter meinen Schuhsohlen.

4. Das Gefühl das ich entwickle, wenn ich eine bestimmte Musik höre.

Die Wirkung von Musik ist außerordentlich stark! Ich benutze diese Wirkung, wenn ich fühle, daß ich im Opfermodus bin und mich antriebslos fühle. Dann höre ich eine ganz spezielle Musik, die mich durch die Erinnerung die dabei geweckt wird, ganz schnell in den „Flow-Zustand" befördert.

Meine Liste könnte weiter und weiter gehen, denn ich gehe wirklich wie ein kleines Kind durch die Welt und genau das ist das Ziel. Wenn Du Kinder beobachtest, wirst Du bemerken, daß sie wie kleine Forscher durch die Welt gehen und alles und jenes ganz genau beobachten und erforschen. Sie nehmen alles in ihre kleinen Hände und fühlen die Beschaffenheit dieser Objekte. Sie sind voll und ganz Präsent in diesem Moment und geniessen diesen, wenn auch unbewusst.

Mit dieser Übung wirst Du dir immer bewusster, was alles um dich ist und mit was für schönen Dingen Du dich umgibst. Diese Übung wird mit jedem Tag einfacher und einfacher und es wird dir immer mehr Spaß machen und Du wirst grundsätzlich ohne große Mühe glücklicher und so soll es sein. Glück soll mit Leichtigkeit erreicht werden, so wie alles andere auch in unserem Leben.

Das bewusste „in Erinnerung rufen" von solchen Glücksmomenten lässt dich dann in einem weiteren Schritt von einem nicht sehr produktiven Zustand in einen glücklicheren Zustand versetzen. Und in einem glücklichen Zustand sind wir produktiver und wollen mehr von diesen erleben.

Deshalb wende ich diese Technik gerne bei meinen Klienten an, und gebe ihnen dies als tägliche Hausaufgabe mit. Mit dieser Technik fokussierst Du dich wieder auf dich und dein Leben und dein Glück.

Dies wird dein Leben positiv verändern.

TRANSFORMATIONSSPIEL 2.

DIE RICHTIGE ZIELSETZUNG «BABYZIELE» DEFINIEREN

Sich langfristige Ziele zu setzen, ist fantastisch und nötig, um erfolgreich zu sein. Wollen wir sie erreichen, benötigen wir jedoch permanent Anstösse – selbst dann, wenn wir eine Menge Disziplin aufbringen. Um den beschwerlichen Weg mit mehr Leichtigkeit gehen zu können, sollten wir sogenannte Babyziele definieren – und jedes erreichte als persönlichen Erfolg ganz bewusst feiern und zelebrieren.

Wenn Du diese Regeln beachtest, wirst Du Erfolg haben:

* Schreibe Deine konkreten Ziele auf, und zwar von Hand auf Papier, denn wir erinnern uns besser an Dinge, wenn wir sie eigenhändig aufschreiben. Die komplexen Bewegungsabläufe, welche die Niederschrift eines jeden Buchstabens erfordern, hinterlassen nicht nur Spuren auf dem Papier, sondern auch in unseren neuronalen Netzwerken. Unser Gehirn erinnert sich an

die Bedeutung eines Buchstabens oder eines Zeichens immer auch anhand der dazugehörigen Handbewegung. Indem wir unsere Ziele aufschreiben, erzeugen wir eine zusätzliche neuronale Struktur. In der Neurowissenschaft spricht man von einer «kinästhetischen Erleichterung».

- Suche Dir kurz-, mittel- und langfristige Ziele. Diese Kombination erleichtert es Dir, sie zu erreichen.

- Mit der Umsetzung solltest Du innert 72 Stunden beginnen. Studien zeigen, dass nach Ablauf dieser Zeitspanne die Wahrscheinlichkeit rapide sinkt, das angestrebte Ziel zu erreichen.

- Mach Dir glasklar, welche positiven Auswirkungen das Erreichen Deiner Ziele auf Dein gesamtes Leben haben kann. Stell Dir vor, wie es sich anfühlen wird.

- Belohne Dich bei jedem Babyziel, das Du erreicht hast.

- Fehler und Rückschläge sind wichtig, denn Du wirst daraus lernen. Deshalb solltest Du sie nicht bedauern, sondern schätzen.

- Wenn Du ein Babyziel mal nicht erreichen solltest, ist das nicht weiter schlimm, solange Du daraus lernst und nicht aufgibst.

Ein Beispiel aus dem Alltag:

Du hast Dir zum Ziel gesetzt, in den nächsten sechs Monaten fünf Kilo abzunehmen. Du weisst, dass diese Entscheidung mit Konsequenzen verbunden ist. Du wirst nicht mehr jeden Tag so viel essen können wie bisher. Oder Du musst die Qualität Deiner Ernährung verbessern. Ausserdem musst Du Dich mehr bewegen. Das wird anstrengend für Dich.

Erstes Babyziel: Lass Dich von Büchern, Zeitschriften, YouTube oder Google inspirieren. Sauge alle Informationen zum Thema auf wie ein trockener Schwamm. Wenn Du eine Variante oder einen Lebensstil gefunden hast, der Dir entspricht und Dich beflügelt, ist es Zeit, dieses Gefühl zu geniessen, denn Du kennst nun den Weg, der zum grossen Ziel führt. Freue Dich, dass Du Dein erstes Babyziel erreicht hast.

Wie wäre es, wenn Du Dein neues Körpergefühl, die erste positive Veränderung Deines Körpers oder gar 500 Gramm weniger auf der Waage als zweites Babyziel feiern würdest? Nicht mit einem grossen Stück Torte, nein. Feiere den Erfolg mit dem Gefühl, auf dem richtigen Weg zu sein, zelebriere ihn: Gönne Dir eine Minute und verharre in diesem Gefühl. Bleibe auf der Waage stehen, wenn Du abgenommen hast. Vergiss alles um Dich und geniesse diesen einzigartigen Moment.

Nächstes Babyziel: Du nimmst Dir vor, dieses Gewicht zwei Wochen lang zu halten, verzichtest aber darauf, in dieser Zeit auf die Waage zu steigen. Das tust Du erst wieder nach Ablauf dieser Frist. Du wirst feststellen, dass Du auch dieses Babyziel erreicht hast, und nicht nur das: Du wirst sogar noch mehr abgenommen haben. Geniesse und zelebriere es!

Das wird Dich noch mehr anspornen, inspirieren und motivieren.

Dies wird Dein Leben positiv verändern!

TRANSFORMATIONSSPIEL 3:
EINE PRISE SPASS, BITTE!

So viele Menschen nehmen sich zum Jahresan-
fang etwas vor, nur weil man das halt so macht
und guten Mutes ins neue Jahr starten wollen.
Sagen wir mal, Du hast Dir zur Jahreswende

auch etwas vorgenommen und Dir ein Ziel gesetzt. Schritt eins: Wir haben das Ziel definiert. Schritt zwei: Die Strategie dazu auch. Die vielen verschiedenen Schritte (die Babyziele aus Transformationsspiel 2) zur Zielerreichung sind uns auch klar.

Und nun? Wir sind überwältigt. Wenn man das erste Mal bewusst so eine Strategie ausgearbeitet hat und die verschiedenen Schritte dazu, kann das schon mal zu einem kleinen Anflug von Panik führen. Denn mit der Zielsetzung und der Strategie dazu werden dir plötzlich auch die vielen Hindernisse und Herausforderungen die dir bevorstehen bewusst. Normalerweise würdest Du dich jetzt nur noch auf die Probleme und Herausforderungen konzentrieren.

Vorschlag meinerseits: Wie wäre es, wenn wir nun einfach mal eine Prise Spaß dazu geben würden?

Denn: Wir machen etwas, das uns Spaß macht und uns mit Glück erfüllt immer besser und es geht uns leichter von der Hand. Oder noch besser: wir fokussieren uns einfach um.

Überleg doch mal: Wann hast Du dich das letzte mal so richtig aufgeregt? Hast so richtig gekocht? Dein Gesicht war rot, inklusive deiner

Ohren. Ein gutes Beispiel dafür ist immer der Straßenverkehr. Nehmen wir mal an, ein anderer Lenker hat dich in seinem Sportwagen ziemlich knapp geschnitten oder dir den Vortritt verweigert. Und ignoriert dich und deine wild fuchtelnden Hände, dein Hupen und Fluchen konsequent. Ziemlich frustrierend, oder? Du hast jetzt nur an eine imaginäre Situation oder an eine effektive Situation aus deiner Vergangenheit gedacht. Was spürst Du jetzt? Was fühlst Du? Welche Gedanken hast Du? Ist es nicht faszinierend, daß wir mit ein paar Gedanken und Vorstellungen ganz einfach von einem neutralen Zustand in einen anderen - sprich, in diesem Fall, in einen negativen Zustand - gelangen können und plötzlich völlig frustriert und sauer sind?

Das Gleiche funktioniert auch in die entgegengesetzte Richtung. Stell Dir nun eine Situation vor, in der Du das letzte mal die Zeit vergessen hast. Du warst erfüllt von Glück, Dankbarkeit und Liebe. Was war das für eine Situation? Warst Du in der Natur oder in einer dir unbekannten Stadt? Warst Du bei der Arbeit? Schliess kurz die Augen und denk an einen solchen Moment und versetz dich in diese Situation zurück. Riech was Du damals gerochen hast. Spür, was Du damals gespürt hast. Sieh, was Du damals gesehen hast. Hör, was Du damals gehört hast. Vielleicht war es ein spezieller Abend in den Ferien, als das Licht ganz speziell durch das Fenster oder den Sonnenschirm fiel oder ein ganz normaler, gemütlicher Abend mit deiner Familie und Du hast den Moment einfach ganz speziell wahrgenommen. Ein Augenblick von Freude und Liebe reicht, wenn wir ihn nachempfinden können und das Gelebte aus unserem Gedächtnis wieder hervorrufen können und es nochmals in derselben Intensität erleben können, um ein Glücksgefühl in uns heraufzubeschwören und somit unserem Alltag eine Prise Spass hinzuzufügen.

Ein anderes Beispiel: Du möchtest in deiner Firma eine Lohnerhöhung erwirken. Du hast bereits den Termin für das Gespräch mit deinem Vorgesetzten vereinbart. Du hast auch einen ziemlich genauen Plan davon, was und wie Du alles sagen wirst und was Du auf die verschiedenen Fragen antworten könntest. Was aber passiert, wenn dein Plan nicht funktioniert und Dir die Lohnerhöhung vorenthalten wird? Du wirst enttäuscht, frustriert und demotiviert sein.

Nun können wir uns die ganze Zeit über Sorgen machen und uns die vielen verschiedenen Schreckensszenarien vorstellen oder wir können den Weg zu unserem Ziel hin geniessen, egal wie es auskommt. Denn wir befinden uns noch auf dem Weg hin zum Ziel.

Stell Dir nun folgende Situation im Zusammenhang mit der Lohnerhöhung vor: Du sitzt im Sitzungszimmer mit deinem Vorgesetzten und hast ein Lächeln im Gesicht. Ihr beide habt dasselbe Ziel, nämlich daß Du ein zufriedener und loyaler Mitarbeitender bleibst. Dein Vorgesetzter willigt in deinen Vorschlag ein und Du erhältst deine Lohnerhöhung. Was hast Du dann für Gefühle? Beschreibe diese bis ins kleinste Detail. Wie wirst Du aussehen, wenn Du aus dem Sitzungszimmer raus gehst? Wie wird dein verbleibender Tag aussehen? Wirst Du dir vielleicht etwas kleines, wie eine Pflanze oder ein Blumenstrauss oder ein schönes Kleidungsstück oder ein wunderbares Nachtessen gönnen? Wem wirst Du zuerst von dieser Nachricht erzählen? Wie wirst Du es erzählen? Nun rufe diese Szenarien jeden Tag vor dem Termin ins Gedächtnis und geniesse diese Gefühle. Es kann ja auch mal Spass machen und wir müssen uns nicht immer auf das Horror Szenario fokussieren.

Dieses Vorgehen ist ähnlich wie mit dem lange erhofften Lottogewinn. Wieviele Menschen gibt es, die sich sagen „Wenn ich den Lottogewinn dann habe, ist alles besser". Und der Weg dahin? Soll der etwa kein Spass machen? Die Chance einen Lottogewinn jemals mit nach Hause zu nehmen ist verschwindend klein, die Chance sein Leben jeden Moment im Hier und Jetzt voll auszukosten aber stetig.

Dies wird dein Leben positiv verändern!

TRANSFORMATIONSSPIEL 4:
SCHENKE - EIN LÄCHELN

Es gibt Zeiten, wenn es uns schlecht geht, wenn wir uns in einem negativ Wirbel befinden. da müssen wir uns ganz bewusst dafür entscheiden, ob wir uns besser fühlen wollen, oder nicht.

Mit dem folgenden ersten Satz initiierst Du einen Wechsel in einen positiveren Gemütszustand:

„Ich fühle mich nicht gut. Ich möchte mich nun besser fühlen."

Du hast als erstes deinen jetzigen Gemütszustand wahrgenommen und akzeptierst diesen als neutralen Startpunkt.

Frag dich nun wohin Du willst. Wie sieht dein Zielzustand aus?

In welchem Gefühlszustand möchtest Du dich als nächstes befinden?

Welche Emotionen möchtest Du fühlen?

Welche Emotionen wären in der jetzigen Situation förderlich für deine Produktivität und wären für dein Leben von Vorteil?

Wie würden sich diese Emotionen auf deinen Körper und deine Mimik auswirken?

Wir müssen also bloss bestimmt Muskeln in unserem Körper kontrahieren und schon werden wir uns besser fühlen.

Die Muskelbewegung stimuliert unsere Hormone und unser Gehirn, und das funktioniert wie folgt: Mit Lächeln!

Lächeln ist nicht nur ein weltweit verstandenes Signal von Freude und freundlich sein, es ist auch ein Auslöser. Unserem Gehirn ist es egal ob die Muskeln in unserem Gesicht aus einem Grund heraus oder einfach so kontrahiert werden. Wenn wir also einfach so vor uns Hinlächeln und unsere Muskeln im Gesicht welche an einem Lächeln beteiligt sind anspannen, werden wir uns ziemlich schnell plötzlich glücklicher fühlen. Die Muskeln signalisieren dem Hirn so oder so, daß wir lächeln, also setzt dieses daraufhin Glückshormone frei. Wenn wir Lächeln werden Endorphine freigesetzt welche zum einen für unser Glücksgefühl verantwortlich sind, aber auch entzündungshemmend wirken.

Endorphine sind auch für die Regelung unseres Hungergefühls und die Produktion unserer Sexualhormone zuständig!

Was sind Endorphine? Endorphine sind hausgemachte, sprich körpereigene Opioidpeptide (Drogen!) welche in der Hypophyse produziert werden. Die Hypophyse ist eine etwa erbsengrosse Drüse, welche sich gleich unterhalb unseres Gehirns befindet. Da kommt das ganze Glück her! Aus einer erbsengrossen Drüse! Endorphine werden auch Glückshormone genannt, da Sie auch mitverantwortlich gemacht werden für die Entstehung von Euphoriegefühls.

Lächle für eine Woche jeden Morgen, wenn der Wecker dich aus dem Bett befiehlt für eine Minute und schau Dir dann das Ergebnis nach einer Woche an. Du kannst auch andere Dinge währenddessen erledigen, wie zum Beispiel Kaffee aufsetzen, Duschen, auf dem Klo sitzen, ganz egal. Die Gesichtsmuskeln kann man immer ein bisschen anspannen.

Etwas fortgeschrittener ist folgendes Transformationsspiel: Stell dich mal vor den Spiegel und lächle. Lächle für ein kleines Weilchen. Du kannst auch den Timer auf eine Minute stellen und dich solange anlächeln. Lächle dich im Spiegel an. Fühle dabei Dankbarkeit für diesen Moment und bring vor allem Dir Dankbarkeit entgegen, daß Du dich jetzt wie ein

Idiot vor den Spiegel stellst und dich anlächelst. Wenn Du eine Frau bist und dich jeden Morgen schminkst, kannst Du dich während des Schminkens anlächeln und die Wirkung auf dich beobachten. Wenn Du ein Mann bist und dich rasierst, kannst Du dich zum Beispiel während des rasieren's anlächeln (wenn das geht ohne dich zu schneiden!) oder auch wenn Du dir die Haare zurecht zupfst oder Du kannst einfach so mal vor den Spiegel stehen und dich ganz bewusst anlächeln. Wenn ich hier mal anfügen darf: Wir Frauen machen beim Schminken sowieso immer die lustigsten Grimassen, da scheint mir ein einfaches Lächeln doch sehr simpel auszuführen.

Es ist nur natürlich, daß sich das zu Beginn sehr unnatürlich, ja fast lächerlich anfühlt, aber es wirkt. Nach einer kurzen Phase der Eingewöhnung wirst Du dich bereits daran gewöhnt haben und es jeden Morgen tun. Du wirst Dich jeden Tag anlächeln und das zu Beginn des Tages.

Dies wird dein Leben positiv verändern!

TRANSFORMATIONSSPIEL 5.
RAUS AUS DEM NEGATIV-WIRBEL

Fühlst Du dich gerade sehr frustriert, hilflos und einfach schlecht. Hast Du dich schon mal ganz bewusst gefragt „Will ich mich weiterhin so fühlen oder will ich, dass es mir besser geht?" Indem wir uns ganz bewusst die Frage stellen: „Will ich mich besser fühlen oder möchte ich weiter auf dieser Negativwelle reiten?" Mit dieser Frage nehmen wir die Macht wieder in unsere Hand. Wir sind nicht einfach passiv und reaktiv, sondern fragen uns ganz bewusst und aktiv und sind uns dann auch der jeweiligen Konsequenzen der beiden Antworten bewusst.

Und haben wir uns für die positive Antwort entschieden, ist der Fokus auf das schöne und Positive um uns herum zu richten. Wir konzentrieren uns ganz bewusst auf positive Gedanken. Wir haben uns entschieden, dass wir wieder aufstehen und in die Produktivität und zurück ins Wohlbefinden wollen. Mit der Entscheidung bist Du bereits ins Handeln gekommen. Nun geht es noch einen Schritt weiter um die nächsten Schritte in Richtung Produktivität und Wohlbefinden zu erleichtern. Dazu gebe ich Dir gerne eine kleine Hilfe, denn es ist sobald man es raus hat, super einfach.

Kannst Du dich an einen unbeschreiblichen

Moment in deinem Leben erinnern? Einen Moment, der dich über alle Massen glücklich gemacht hat und Du dachtest, daß Du jetzt dann gleich platzt vor Freude? Ein Moment voller positiver Emotionen, der dir heute noch Freudentränen in die Augen schiessen lässt.

Einige Beispiele, die bei mir immer wirken:

Du bist umringt von Babyhündchen (oder Babykätzchen) die ganz entzückende Laute von sich geben und sich unheimlich weich anfühlen oder Dein Partner/Deine Partnerin hat dir soeben das erste Mal etwas unsicher und schüchtern gesagt, daß Er/Sie dich liebt oder dein Baby hat dich das erste Mal angelächelt oder Du erhältst Bescheid, daß deine sehnlich erwünschte Schwangerschaft nun endlich geklappt hat oder Du beobachtest dein Kind beim ausgelassenen spielen mit anderen Kindern und hörst sie lachen und fröhlich schreien oder Du läufst über eine wunderschöne Blumenwiese am Morgen eines noch frischen Sommertages oder Du gehst bei einem Spaziergang durch den Wald und Du bemerkst wie das Licht der Sonne sich durch die Bäume und Blätter drängt. Und schwupp, nur schon der Gedanke oder die bewusst herangeführte Erinnerung an etwas herzerwärmendes, lässt dich lächeln und wieder in einen glücklichen/neutralen Zustand „schweben".

Nun, da Du dich in einen besseren Gemütszustand katapultiert hast, denk über deinen nächsten einfachsten Schritt nach. Was würde dich jetzt noch produktiver fühlen lassen? Ist es das Aufräumen des Geschirrspülers, der schon eine Weile wartet? Das Putzen des Klo's? Das Einkaufen von frischem und gesundem Gemüse? Der Anruf den Du schön seit einer Woche tätigen solltest?

Komm jetzt ohne gross darüber nachzudenken ins Handeln. Egal womit! Denn die Handlung wird dir Momentum und Bewegung in die richtige Richtung geben und Du wirst dich wieder produktiver und glücklicher fühlen.

Nutze diesen Schwung.

Solltest du Schwierigkeiten haben, dich an solche Momente zu erinnern, möchtest Du vielleicht damit beginnen, solche Momente zu sammeln: Wenn Du einen Moment des Glücks oder des „Flows" erlebst, kannst Du dir in Gedanken sagen, „Das ist jetzt so ein Moment". Oder wenn Du so einen Moment mit deiner Familie oder deinen Freunden erlebst, kannst

Du ihnen auch sagen, „Das ist ein Moment, an den ich mich immer wieder gerne zurückerinnern werde." Du wirst überrascht sein über die Reaktion deiner Mitmenschen. Nur schon diese Aussage, wird die Augen der anderen zum Leuchten bringen und auch dieses Leuchten wird sich in dein Gedächtnis einprägen. Schon hast du einen Moment an den Du dich zurückerinnern kannst. Ist Dir aufgefallen, daß all diese wunderschönen Erinnerungen auch etwas mit Dankbarkeit gemein haben?

Dankbarkeitsmomente sammeln ist auch eine sehr schöne und wirkungsvolle Praxis.

Dies wird dein Leben positiv verändern!

TRANSFORMATIONSSPIEL 6.

EIN HOCH AUF UNSEREN KLEINEN ZEH

Sollte das Transformationsspiel Nr. 5 noch etwas zu fortgeschritten für dich sein, versuch es mit folgendem:

Vielleicht hast Du in deiner Vergangenheit bereits einmal beobachtet, dass Du an einem schlechten Tag, oder an einem Tag an dem Du mit dem sogenannten linken Bein aus dem Bett gefallen bist, immer mehr und mehr schief geht? Das kommt dir dann so vor, weil Du unbewusst deine Aufmerksamkeit auf diese Dinge richtest und dein ganzes System wird sich danach richten und nach Beweisen nach negativen Erlebnissen oder Momenten suchen - und auch finden. Du wirst dich wie Pechmarie fühlen und dich auch so verhalten. Und darin liegt der Schlüssel. Wir werden in solchen Situationen immer Beweise für Ungerechtigkeiten und Negativität finden, weil wir nach diesen suchen und nicht nach den schönen und glücklich machenden. Wir sinken immer tiefer und es geht uns immer schlechter und wir werden immer lustloser.

Um diesen Kreislauf zu brechen überleg Dir nun eine Sache, wofür Du Wertschätzung empfindest. Diese Sache kann noch so klein und im Moment „wertlos" und „nutzlos" erscheinen. Bemühen wir uns und bringen einen kurzen Moment auf um etwas anscheinend „wertlosem" unsere Aufmerksamkeit und somit auch unsere Wertschätzung zu schenken, wird es zu einer wertvollen Sache. So ist es mit allem in unserem Leben. Um so mehr Beachtung wir hin zu etwas geben, desto mehr Wert erhält es. Unser Fokus ist der Schlüssel. Es ist egal, ob wir dieser Sache oder diesem Menschen positiv oder negativ gegenüberstehen, sobald wir uns darauf konzentrieren, schenken wir ihm Aufmerksamkeit und mit der Aufmerksamkeit erhält es einen Wert.

Wenn ich Kopfschmerzen habe oder ich mich lustlos fühle, dann meditiere ich und konzentriere mich auf etwas schönes und etwas gutes. Versuch es auch mal und zwar mit deinem kleinen Zeh. Schenk mal einem deiner kleinen Zehen deine volle Aufmerksamkeit.

Unser kleiner Zeh hat nicht immer eine große Aufgabe oder eine grosse Wertigkeit für uns. Er ist aber hier und Teil unseres wunderbaren Körpers. Da muss sich ja schon jemand oder etwas Gedanken gemacht haben, als wir kreiert wurden, oder? Versuch dir in Erinnerung zu holen, wann Du das Letzte mal dankbar an deinen kleinen Zeh gedacht hast. Dein kleiner Zeh hilft Dir bei deiner täglichen Fortbewegung und bei der Balance im Stehen. Werde Dir deines kleinen Zehs bewusst. Nun hast Du deinem kleinen Zeh Beachtung geschenkt und somit auch Wertschätzung. Ist dein kleiner Zeh gesund? Ist er beweglich? Sieht er vielleicht sogar süss aus?

Nun geh noch einen Schritt weiter und erwecke das Gefühl der Dankbarkeit für deinen kleinen Zeh.

Wir müssen nicht immer eine Gegenleistung erwarten, sondern können auch einfach mal etwas mit Wertschätzung betrachten und dieser Sache oder diesem Menschen vielleicht sogar Dankbarkeit entgegenbringen für das Dasein dessen.

Dies wird dein Leben positiv verändern!

Transformationsspiel 7.

Dankbarkeit

Eines der stärksten Gefühle und ein unheimlich starkes Werkzeug für mehr Selbstwirksamkeit und mehr Glücklich-sein in unserem Leben ist das Gefühl unserer Dankbarkeit.

Sind wir nicht dankbar, sind wir im Mangel, sprich wir sehen uns als Opfer und bemängeln jede Situation in unserem Leben und auf dieser Welt. Du kannst für so vieles in deinem Leben dankbar sein, und bist Du bewusst dankbar für das kleinste Ding in deinem Leben, wird sich dein Leben essentiell zum positiven verändern. Starte auch hier mit dem Kleinsten und worauf es auch hier wieder stark ankommt, ist das Gefühl das Du bei dem Gedanken an dieses kleinste, und jetzt noch unbedeutende Ding, empfindest. Das Gefühl der Dankbarkeit.
Entwickle dieses Gefühl und trainiere es täglich. Trainiere es am Besten Morgens wenn Du aufstehst. Behandle auch jedes Ding, jeden Menschen, jedes Tier, jeden Moment in dei-

nem Leben mit großer Dankbarkeit oder mit großer Sorgfalt. Empfinde große Wertschätzung für das kleinste Ding in deinem Leben und Du wirst bald auch für die großen Dinge große Wertschätzung und Dankbarkeit empfinden. Versuche es mal mit folgendem:

Du stehst in der Post in der Schlange und Du weißt, daß Du noch mindestens fünf Minuten dastehen wirst. Kannst Du diese Situation ändern? Nein, denn Du bist aus einem Grund da und möchtest entweder etwas kaufen oder etwas abgeben oder abholen. Möchtest Du diese Zeit nun mit nörgeln und negativen Gedanken verbringen oder lieber mit wertschätzenden und fröhlichen Gedanken? Sieh dich um oder spür mal in dich rein und suche nach dem kleinsten Ding, dem Du Wertschätzung und Dankbarkeit entgegenbringen kannst, wie zum Beispiel:

- Das ist aber ein schönes Gebäude.

- Da hat sich aber jemand Mühe gegeben, die Auslage möglichst ansprechend zu gestalten.

- Die Mitarbeiter sind aber freundlich und machen ihre Arbeit gut.

- Die Mutter vor mir in der Schlange geht liebevoll mit ihrem Kind um.

- Ich stehe im trockenen und bin dankbar dafür.

- Ich freue mich auf den gemütlichen Abend.

- Den anderen Menschen beim Lächeln zuzuhören oder zuzuschauen, erfüllt mich mit Dankbarkeit.

Oder wenn Du draussen bist und es regnet und Du hast keinen Schirm dabei, beobachte für einmal einfach die Regentropfen. Wie fühlen sie sich an, was für ein Geräusch machen Sie, was kannst Du noch wahrnehmen? Wenn Du jetzt aber denkst „Der Regen kann mir mal den Buckel runter rutschen. Ich werde nass!" Da werde ich Dir bestimmt nicht widersprechen, sondern diese Aussage bestätigen. Ja, da hast Du natürlich recht. Du wirst nass. Du wirst verregnet. Aber daran kann ich tatsächlich nicht wirklich viel negatives erkennen. Denn es ist Wasser, das auf deine Kleider und deinen Kopf tropft. Mehr nicht. Versuch das Beste auch aus so einer Situation zu machen und lass es Dir gut geht und Dich gut fühlen.

Dies wird dein Leben positiv verändern!

TRANSFORMATIONSSPIEL 8.

KRÄFTIGE DEINE GEDANKEN

„Ich hätte so gerne einen Partner, aber…"
„Ich wäre so gerne frei von Schulden, aber…"
„Ich möchte das schon so lange erreichen, aber…"
„Das wollte ich schon immer, aber alle sagen…"
„Diese Prüfung werde ich nie bestehen…."

Du zeigst Dir und deiner Umwelt mit solchen Gedanken ganz klar, daß Du in einem Mangel bist und es sowieso nie haben wirst. Mit solchen Aussagen outest Du dich als Pessimist. Es gibt Menschen die es schon fast lieben und davon abhängig sind mit ihrem Mangel zu prahlen! Oder verführen ihre Mitmenschen dazu ihnen zu sagen, dass sie es schon schaffen können oder sie wollen ihre Mitmenschen zu solchen Aussagen verführen wie, „Du bist doch super, dass kann ich mir jetzt aber nicht vorstellen, dass ausgerechnet Du das nicht schaffst!" (das nennt man dann fishing for compliments). Das wird dich kurzfristig gut fühlen lassen, aber so wirst Du nie wirklich aus deinem Mangel rauskommen und in Fülle und Glück leben.

Mit dem Feststellen eines Mangels hast Du aber bereits einen ersten wichtigen Schritt in Richtung Fülle und Glück getätigt.

Es ist wichtig, sich seiner Wünsche bewusst zu werden und das Feststellen eines Mangels ist ein Schritt in die richtige Richtung. Aber mit diesem ersten Schritt hat es sich dann bereits für viele Menschen getan. An diesem Punkt hören sie auf und gehen den nächsten nötigen Schritt Richtung Erfüllung und Glück nicht.

Nun magst Du dich wahrscheinlich fragen: Warum?

Ganz einfach: Weil wir Angst haben. Angst vor einem möglichen Versagen. Angst vor den Konsequenzen. Angst vor Ablehnung. Denken wir dieses Schreckensszenario doch mal durch. Was wäre denn, wenn Du versagen würdest? Welche schrecklichen Konsequenzen hätte es für dich wenn Du nicht mit deinem Traummann oder deiner Traumfrau zusammen kommen würdest?

Viele Menschen wären wieder auf Status Quo. Also genau da wo sie jetzt stehen. Es passiert zu 98% nichts schlimmes. Zumindest nicht so schlimm wie wir es uns immer in unseren Köpfen ausmalen. Unsere Phantasie oder unsere Gedanken sind meist viel schlimmer als die Realität. Deshalb bleiben wir viel lieber in der jetzigen Situation mit unbewusstem Mangel und haben weiterhin Angst vor der Konsequenz womöglich etwas zu erreichen. Wir bleiben in unserer Komfortzone, oder besser gesagt Gewohnheitszone, denn mit Komfort hat Mangel ja nun wirklich nichts zu tun.

Wenn wir nun aber weiterkommen wollen, uns weiterentwickeln wollen sollten wir einen Schritt weitergehen und nicht nur über den Mangel sprechen oder darüber nachdenken. Sondern den Mangel auch mal aufschreiben. Auch unsere Sorgen und Ängste. Dieser Schritt des Niederschreibens hilft uns unseren Kopf von Gedanken und ängstlichen Gedanken zu lehren. Den ganzen Mist den wir uns den lieben langen Tag immer wieder unbewusst sagen mal auf Papier bringen. Dieser ganze Mist ist dann auf Papier und nicht mehr so laut in unseren Köpfen.

Wenn wir diesen Schritt vollbracht haben und alles niedergeschrieben haben, sollten wir uns dem Zielzustand widmen. Und dabei reicht es nicht, nur davon zu sprechen wie wir es erreicht haben! Nein, wir müssen uns voll reinlegen in das Gefühl, als sei es eine Suppe und wir das Suppenhühnchen. Sei das Suppenhühnchen deiner Visionen, Wünsche und seien die noch so naiv oder utopisch. Das Gefühl von absoluter Freiheit, von absoluter Erfüllung. Wie fühlt sich das erreichen deiner Ziele an? Wie hast Du dich verändert? Wie hat sich dein Umfeld verändert? Du wirst merken, sobald Du durch deine Gedanken in deiner von dir gemachten Zukunft bist, wirst Du dich viel besser fühlen und Du wirst nicht mehr daran zweifeln, daß es irgendwann passieren wird und Du genießt den Weg dorthin. Denn, was wäre die Erfüllung aller Ziele, wenn der Weg dorthin bedeuten würde, wir müssten kämpfen, schwitzen und Schmerzen ertragen? Es ist doch viel ansprechender und motivierender wenn der Weg zum Ziel schon amüsant, leicht und fantastisch ist! Ich bin mir bewusst, daß viele von uns mit dem Mindfuck erzogen wurden, daß man für seine Zielerreichung hart und diszipliniert kämpfen muss. Deine Eltern haben dich auch ganz bestimmt mit den besten Absichten dazu ermuntert und motiviert immer diszipliniert und und hart arbeitend deine Zukunft in die Hand zu nehmen. Aber auch Disziplin kann sich gut anfühlen. Dein Weg kann tatsächlich auch mit Disziplin und harter Arbeit Spaß machen. Harte Arbeit kann Spass machen, wenn Du mit ganzem Herzen dabei bist und dein Ziel vor Augen hast. Wenn Du aber bei jeder Handbewegung oder bei jedem Gedanken zusätzlich noch denkst und fühlst, „das macht jetzt aber echt keinen Spass, ich würde jetzt viel lieber etwas anderes tun zum Beispiel auf der faulen Haut liegen. Wozu mach ich den ganzen Mist überhaupt. Das bringt doch nichts… etc…"

Solche Gedanken sind nicht produktiv und unterstützen Dich nicht in deinem Wachstum und in deinem Glück.

Gebe jeder Handlung, jedem Gedanken den Du denkst und allem was Du tust Gewicht und Wert.

Wenn Du den Abwasch machst, das Klo putzt, eine Mahlzeit zubereitest, ein Gespräch führst, ganz egal was, tu alles mit deinem ganzen Herzen und dein Weg wird leichter und wird spass machen (ja, auch das Klo putzen kann dann tatsächlich Spass machen).

Wenn Du Dir bewusst wirst, daß Du deine Gedanken lenkst bist Du der Kapitän deines Lebens und deiner Zukunft. Nimm deine Kraft zurück indem Du bewusst deine Gedanken lenkst und dirigierst. Reagiere nicht, sondern agiere!

Dies wird dein Leben Positiv verändern!

TRANSFORMATIONSSPIEL 9.

SETZ DICH INS ZENTRUM VON DEINEM LEBEN!

Und jetzt kommt das große Geheimnis über ein überglückliches, federleichtes und mit Überfluss erfülltes Leben:

Setz dich ins Zentrum von deinem Leben.
Mach in deinem Leben niemanden wichtiger als Dich, deine Gefühle und deine Entscheidungen. Oftmals haben wir das Gefühl, wir bräuchten das Feedback, die Meinung oder den Input von anderen und dann werten wir diese Aussagen auch noch mit viel mehr Gewicht als unsere eigene Meinung.
Genau davon rate ich meinen Klienten und auch Dir hiermit ab. Nach jeder Coaching Sitzung ist es wichtig, das Besprochene für sich zu behalten. Behandle auch Du deine Gefühle, deine Ziele, deine Strategie erstmal für dich. Denn durch das Mitteilen dessen werden unweigerlich Einflüsse von außen kommen und der Prozess deines Wachstums das noch die

Form eines jungen Pflänzchens hat, könnte entweder zu viel Wasser, zu viel Sonne und zu viel Dünger erhalten. All die Einflüsse in diesem Fall, die Sonne, das Wasser, der Dünger sind vergleichbar mit gutgemeinten Ratschlägen, Inputs oder Feedback von deinen Bekannten und Liebsten. Es geht dabei aber um Dich und deine Träume und um deine Selbstwirksamkeit. Hast Du dir ein Ziel gesetzt für, sagen wir mal, das nächste Jahr, dann behalte es für dich bis Du die ersten Schritte hin zur Zielerfüllung unter die Füsse genommen hast. Eine gute und sehr effektive Technik ist auch, dir deine Ziele (und seien Diese noch so visionär oder illusorisch) auf ein kleines Zettelchen zu schreiben und diese Ziele in deiner Brieftasche immer mit Dir mitzutragen. Lies dir diese Ziele so oft es geht durch, gerne auch fünfmal am Tag. Versuch dabei auch gleich, das Gefühl zu fühlen, das ausgelöst wird, bei der Erreichung dieser Ziele. Das wird Dir unheimlich Spaß machen, denn Du wirst mindestens fünfmal am Tag, wenn Du das Kärtchen rausholst und durchliest, die Gefühle haben, die Du bei der Zielerreichung haben wirst! Würdest Du nun diese Ziele mit deinen Liebsten teilen, würden diese an deiner mentalen Gesundheit zweifeln, denn es ist wichtig, daß deine Ziele leicht an Größenwahn grenzen. Gib auch sonst nicht zu viel auf das Gesagte deiner Liebsten oder deines Bekanntenkreises, denn jeder hat seine eigene Sichtweise und diese ist auch stark geprägt vom Kulturhintergrund und der Erziehung sowie dem Erlebten eines jeden einzelnen. Es geht dabei nicht um Gut oder Schlecht, nur ein für Dich nützlich oder nicht nützlich. Und in diesem Fall ist jeder Einfluss von außen nicht nützlich. Denn Du bist von deinen Zielen überzeugt und es sind deine Ziele.

Genieße nun deinen Weg und vertraue dem Prozess.

Deine Ziele, deine Gedanken und deine Gefühle sind im Zentrum von deinem Leben. Konzentriere Dich auf das bunte, fröhliche, dich in einen fluss-bringende und dein Leben wird sich augenblicklich ändern. Mehr brauchst Du auch nicht zu tun, außer deinen Fokus auf das Leichte und Gute zu richten.

Dies wird dein Leben positiv verändern!

TRANSFORMATIONSSPIEL 10.

KULTIVIERE DEINEN „GEBEN"-VIRUS

Wenn wir uns darauf konzentrieren was früher oder gerade jetzt schlimmes und erschütterndes auf der Welt geschieht, zieht es uns runter und wir finden dann garantiert noch mehr Leid und noch mehr Katastrophen, die uns noch schlechter und hilfloser fühlen lassen. Wir beginnen uns schlecht zu fühlen oder sogar schuldig. Dann kommt das nächste Stadium und wir möchten unser Schuldgefühl sofort, aber so was von sofort kompensieren indem wir „etwas gutes tun", wie zum Beispiel Geld spenden. Ich sage aber, wir können viel mehr bewegen, indem wir unser Glück, unsere Positivität noch mehr ausstrahlen und uns mehr mit dem Positiven und Glücklichen in unserer Welt beschäftigten. Ich sehe das gerne als Virus, der sich langsam über die ganze Erdkugel verbreitet, zum Beispiel wenn ich meditiere. Das Gefühl, das ich dann in mir ausbreiten lasse ist sowas von kraftvoll!

Wäre es nicht viel sinnvoller, wenn wir jeden Tag positiv, lächelnd und freundlich unterwegs wären und unsere Mitmenschen damit anstecken würden als nur in Akutsituationen versuchen würden dem Elend dieser Welt entgegen zu wirken? Ich weiss, ich weiss, wir können die globale Situation und das Leiden und den

Hunger, die Kriege, die Ungerechtigkeiten, die Krankheiten, die Kinder auf der Strasse, all das nicht einfach so ignorieren und so selbstverliebt durch die Welt gehen, als würde uns das alles nicht interessieren. Ich erlaube mir mit diesem Buch jedoch einen anderen Ansatz und möchte erreichen, dass wir, wenn wir zuerst an uns und unser Wohlbefinden denken, viel mehr erreichen können als mit einer Spende oder mit gutgemeinten Gedanken. Etwas provokativ, ich weiss. Nachdem ich jetzt aber die schrecklichen Dinge aufgezählt habe, habe ich während des Schreibens ein mulmiges Gefühl bekommen und ich denke es geht Dir beim lesen genauso. Wir fühlen uns hilflos oder noch hilfloser als zuvor. Ich möchte aber, dass Du dich gut fühlst und dieses Gefühl von Glück und Leichtigkeit weitergeben kannst. Ausstrahlen sollst Du es, damit andere davon auch etwas bekommen und (wie in meiner Meditation) würden sich dann alle Menschen auf diesem ganzen Globus etwas glücklicher oder zumindest etwas wohler und kraftvoller fühlen.

Dazu ein kleines Spiel:
Überleg dir eine Stelle in deinem Körper, der Schmerzt. Der Schmerz lässt unseren Fokus

nicht mehr los und wir konzentrieren uns nur noch auf diese eine schmerzende Stelle in unserem Körper. Sagen wir mal, es ist der Kopf. Nun verlagere deinen Fokus ganz bewusst zu deinen Füssen. Deinen Füssen geht es gut. Sie berühren mit beiden Sohlen den Boden. Wie fühlt sich das an? Spürst Du ein Kribbeln? Oder vielleicht spürst Du sogar jeden einzelnen Zeh? Jeder Zeh, vom Grossen hin zum Kleinen hat eine Funktion und hilft Dir dich in deinem täglichen Leben die Balance zu halten und zu gehen. Manchmal rennst Du, manchmal sitzt Du auf ihnen, zum Beispiel wenn Du kniest. Und wenn Du dann wieder aufstehst, spürst Du wie das Blut wieder langsam in deine Füsse zurück kehrt und das kribbelt dann ganz lustig. Kannst Du deinen Rist spüren? Oder die Aussenseite deiner Füsse? Beweg deine Füsse mal ganz langsam. So langsam wie Du kannst. Spürst Du deine Muskeln in deinen Füssen, wie sie automatisch das tun, was Du möchtest? Toll, nicht? Falls du mit deiner ganzen Aufmerksamkeit nun bei deinen einwandfrei funktionierenden Füssen warst, und auch Dankbarkeit dafür empfunden hast, hast Du deine Kopfschmerzen während dieser Zeit vergessen. So funktioniert es mit allem anderen in unserem Leben. Fokussieren wir unsere Gedanken auf das grosse Leid und die Katastrophen auf unserer Welt, werden wir uns miserabel fühlen. Deshalb meine grosse Bitte: Fokussiere dich auf das was funktioniert, was gut ist, was Positivität ausstrahlt und Du wirst weit mehr bewirken als Du dir vorstellen kannst. Schenke ein Lächeln, ein Kompliment, eine Umarmung, Liebe und deine Welt wird sich zum positiven verändern.

Dies wird dein Leben positiv verändern!

Transformationsspiel 11.

Hinter der Ziellinie

Wenn wir zu starr auf unser Ziel und mögliche Herausforderungen fokussiert sind, kann es sein, daß das für uns zu überwältigend und lähmend ist. Um aus diesem Zustand raus zu kommen müssen für einen Moment die Sichtweise ändern, sprich: Wir müssen uns kurz hinter die Ziellinie begeben und das Ganze von da aus betrachten. Das geht so:

Stell dir so konkret wie möglich vor, Du gehst heute Abend in dein Bett, so wie immer. Eventuell liest Du noch was auf deinem Kindle oder in deinem Buch und entspannst Dich ganz allmählich. Dein Körper sendet Dir bereits verschiedene Signale, daß Du erschöpft bist und Du dir nun die wohl verdiente Erholung genehmigen darfst. Du schläfst ein, in deiner gewohnten Umgebung. Du riechst, was Du immer riechst, sei es das Waschmittel oder die frische Luft wenn Du das Fenster geöffnet hast. Du hörst was Du immer hörst, vielleicht den Nachbarshund, die Vögel oder den unregelmässigen Strassenverkehr und Du fühlst über deine Haut, was Du immer fühlst, deine Bettwäsche, dein Kopfkissen oder vielleicht hältst Du die Hand deines Partners oder deiner Partnerin. Du schläfst erschöpft und zufrieden ein und hast einen erholsamen, tiefen Schlaf.

Am nächsten Morgen:

Die Nacht war erholsam und Du erwachst ganz normal, so wie immer.

So wie immer? Nein! Es ist etwas passiert! Ein Wunder! All deine Probleme, Herausforderungen, Wehwehchen etc. haben sich in Luft aufgelöst. Du hast dein Ziel über Nacht erreicht. Du hast aber von dem ganzen Wunder nichts mitbekommen, deshalb ist es für dich erstmal ein ganz normaler Morgen. Nun, überlege dir, woran Du als erstes merkst, daß all deine Probleme, Herausforderungen eliminiert sind und deine Wünsche Realität geworden sind.

Wo bemerkst Du als erstes, daß etwas anders ist? Vielleicht bereits noch im Bett liegend? Oder erst als Du dir in deiner Küche einen Kaffe machst? Oder vielleicht erst auf dem Weg ins Büro? Wie verläuft dein Vormittag nach diesem Wunder?

Was erlebst Du?

Wie erlebst Du es?

Was fühlst Du?

Was riechst Du?

Was hast Du an?

Mit welchen Menschen sprichst Du und über welche Themen sprecht ihr? Was hörst Du?

Mit diesem Spiel kannst Du dich spielerisch hinter die Ziellinie bringen und das triumphierende Gefühl des erreichten Zieles voll auskosten und geniessen.

Als nächstes überlegst Du dir, was für Schritte hast Du getätigt um dein ganz persönliches Ziel zu erreichen? Was war nötig, damit Du das Ziel erreichen konntest? Schreib Dir die verschiedenen Schritte auf und so kommst Du schon zu deiner persönlichen Zielerreichungs-To-do-liste.

Dies wird dein Leben positiv verändern.

TRANSFORMATIONSSPIEL 12.

SO TUN ALS OB

Das „Stanislawsik System" wurde durch Lee Strasberg und Stella Adler weiterentwickelt und zur berühmten „Method Acting" Methode weiterentwickelt. Verschiedenste Schauspieler wenden diese Technik des Methode Acting an. Konstantin Sergejewitsch Stanislawski war ein russischer Schauspieler, Schauspiellehrer und Regisseur welcher die Theatertheorie „Als ob" und „Was wäre wenn" entwickelt hat. Dabei geht es darum, daß die Schauspielschüler jeweils einen Zusammenhang zwischen dem eigenen Ich und der zu spielenden Rolle suchen und fühlen sollten. Szenen in welchen der Schauspieler einen nahen Zusammenhang zu Erlebtem herbeizogen und das Gefühl während dem spielen durchlebten, wurden glaubwürdiger und intensiver verkörpert und auch vom Publikum so wahrgenommen.

Was auf der Bühne als Schauspielern wahrgenommen wird ist eine wahre Kunst. Die Schauspieler spielen nicht nur, nein, identifizieren tatsächliche Momente oder Persönlichkeitszüge der zu spielenden Rolle mit sich selber. Das kann nicht nur für die Bühne praktiziert werden sondern auch im Alltag und das macht richtig Spass! Allerdings ist das „so tun als ob" auch ein sehr starkes Werkzeug. Es kann uns helfen ungünstige und unvorteilhafte Muster und Gewohnheiten aufzubrechen. Es ist sehr hilfreich negative Haltungen oder Gedanken in positive zu ändern und wurde auch schon erfolgreich in der Behandlung von klinischen Depressionen angewendet.

„So tun als ob" heisst, sich so zu verhalten, so zu denken und sich so zu fühlen als ob wir das Ziel bereits erreicht hätten.Dazu gibt es einige Verhaltensweisen, die wenn Du sie in deinen Alltag inkorporierst, dich dabei unterstützen:

1. Verhalte dich physisch so als ob Du dein Ziel erreicht hättest. Bewege Dich dementsprechend. Betritt genau mit dieser Einstellung und dem Wissen, daß Du dein Ziel erreicht hast, einen Raum. Sieh dich um und nimm die Dinge um Dich genau so wahr, wie Du es tun würdest, wenn Du dein Ziel erreicht hättest. Ein Beispiel: Sagen wir mal, Du möchtest finanziell

freit sein, sprich Wohlhabend. Du betrittst jetzt ein Kaufhaus mit dem Wissen, daß Du genug Geld hast um dir all die schönen Dinge zu kaufen. Du brauchst diese aber nicht zu kaufen. Das Wissen, daß Du es könntest, reicht vollkommen. Geniesse dieses Gefühl.

2. Sprich so als ob Du dein Ziel erreicht hättest. Beobachte, wie Du sprichst. Verändert sich deine Sprache? Wie sprichst Du, wenn Du dein Ziel erreicht hast? Kennst Du jemanden, der dieses Ziel erreicht hat und wendet dieser Mensch einen speziellen Jargon an? Verwende diesen auch. Wenn Du Gedanken hast, hast Du dann Gedanken die Du hättest, wenn Du dein Ziel erreicht hättest? Denke und Sprich, so als ob Du dein Ziel erreicht hättest.

3. Sieh so aus, als ob Du dein Ziel erreicht hättest. Wie siehst Du aus, wenn Du dein Ziel erreicht hast? Was hast Du an? Du fühlst dich phantastisch, so als ob Du dein Ziel bereits erreicht hast. Glaube an den Charakter den Du erschaffst, liebe ihn. Du entwickelst dich und deine Eigenschaften damit weiter und bringst diese mehr an die Oberfläche.

Das Ding ist, Du kannst dich so verhalten als ob, dich so artikulieren als ob, dich so kleiden als ob, aber wenn Du selbst nicht daran glaubst und es nicht fühlst, daß das was Du jetzt „schauspielerst" in dir geschlummert hat und jetzt weiterentwickelt und verwirklicht wird, wirst Du dein Ziel nie ganz erreichen.

Nach einer gewissen Zeit und mit etwas Übung, wird das „so tun als ob" dir mehr Selbstvertrauen und Zuversicht geben, daß dein Ziel erreichbar ist. Lass es ein vergnügliches Spiel sein und der Widerstand wird verringert.

Lass gehen von dem „Wollen"und dem Gefühl von Mangel. Tu so als ob und das mit Leichtigkeit und einem Lächeln im Gesicht.

Dies wird dein Leben positiv verändern.

TRANSFORMATIONSSPIEL 13.

STROMAUSFALL

Dieses Spiel könnte heutzutage die grösste Herausforderung für viele von uns werden:
Wir simulieren einen Stromausfall. Einen Abend lang elektrische Geräte während des Abendessens mit der Familie, - oder auch allein - abzuschalten, das Handy in die Schublade zu legen, Licht aus, Musik aus. Anstatt auf dem Handy nachzuschauen, was unsere Kollegen alles posten, oder die Nachrichten im Fernseher zu schauen oder den Newsticker auf dem Laptop zu lesen, essen wir einfach mal gemeinsam oder auch allein zu Abend und räumen danach gemeinsam den Tisch und die Küche auf und dann könnten wir doch tatsächlich noch Gespräche von Gesicht zu Gesicht führen. Für Licht sorgen anstatt Lampen viele Kerzen, was auch förderlich für eine angenehme und eventuell romantische Stimmung sein kann. Diesen Challenge könnte man auch einmal im Monat durchführen. Oder für Fortgeschrittene auch gerne einmal in der Woche.

Einen stromfreien Abend pro Woche. Am Anfang könnte es langweilig erscheinen, und doch sehe ich schon einige nervös werden bei dem Gedanken, einen ganzen Abend ohne Handy oder Stromzufuhr. Ich kann Dir jedoch garantieren: es wird so viel Erleichterung und Verbundenheit entwickeln wie nie erahnt. Dieses Gefühl von Freiheit und zugleich Verbundenheit wenn dieses Spiel mit anderen Menschen mal gespielt wird, ist unbeschreiblich. Wenn man den Stromausfall alleine durchführt, kann das eine tiefe Ruhe und ein Bewusstsein für den Moment entwickeln. Wir sind es nicht mehr gewohnt einfach mal alleine und ganz bewusst auf gewisse Annehmlichkeiten zu verzichten und die Zeit alleine zu geniessen. Wenn wir alleine sind, ist unser Handy unser ständiger Begleiter. „Zeit allein" hat heute eine ganz andere Bedeutung. Das Bewusste Geniessen dieser Zeit mit sich alleine wird dir auch mehr Wertschätzung Dir gegenüber bringen. Du brauchst keine Ablenkung, damit Du mit Dir alleine sein kannst. Du musst auch nicht meditieren, obwohl so ein Abend etwas sehr meditatives an sich hat.

Mit ein Grund ist, daß es als ein Spiel und nicht als Regel gesehen werden sollt, ist die

Leichtigkeit, die dieser Abend mit sich bringt. Es ist ein kleines Abenteuer. Und es wird bewusst durchgeführt. Vielleicht wirst Du am Anfang mit einem gewissen Widerstand konfrontiert, aber es ist ja nur ein kurzes Abenteuer. Und wenn es dann nur bei einem einzigen Abend bleibt, ist es doch ein Moment an den man sich gerne zurück erinnert.

Erinnerung

Wir erinnern uns gerne, jedoch viel zu wenig an schöne und tiefbewegende Momente zurück. Und dabei würde uns das so gut tun! Wir sollten viel öfters an schöne Momente, die wir in der Vergangenheit erlebt haben zurück denken. Denn genau solche Erinnerungen und solche Momente zaubern uns ein Lächeln aufs Gesicht und in einen anderen „Flow" kommen. Und das tut uns gut.

Aufladen

Wenn dein Handy dir anzeigt, daß der Akku nur noch 5% Kapazität hat, dann ist es sinnvoll, sein Handy an den Strom anzuschliessen und es aufzuladen. Das selbe können wir mit unserem Gedankenkonto machen.

Jedesmal wenn Du einen schönen und bewegenden Moment erlebst, sagst Du dir selber: „Das ist jetzt ein schöner Moment und das würde sich sicherlich lohnen, wenn ich mich in Zukunft an diesen zurück erinnern kann. Dieser Moment wird mir in der Zukunft gut tun und mich gut fühlen lassen und mir ein Lächeln aufs Gesicht zaubern." Was auch wundervoll ist, wenn man solche Momente in Gemeinschaft erlebt, daß man den anderen Menschen sagt: „Hoffentlich erinnern wir uns noch lange an diesen Moment." Ich mach das auch mit meiner Tochter so. Jedesmal, wenn ich merke, daß wir etwas aussergewöhnlich schönes zusammen erleben und Sie mir ganz klar signalisiert, daß sie diesen Moment geniesst, dann sag ich kurz zu ihr: „Ich hoffe, Du wirst dich noch lange an diesen Moment zurückerinnern." Ich sage das nicht jeden Tag, sondern nur, wenn ich das Gefühl habe, daß wir so richtig im „Flow" waren und die Zeit zusammen wortwörtlich „unvergesslich" war.

Wenn man seine Liebsten, seine Familie, seine Freunde bei solchen unvergesslichen Momenten bewusst darauf aufmerksam macht, daß das ein wunderschöner Moment ist und ihr euch gerne daran zurückerinnert hast Du allen involvierten ein Geschenk in Form einer wunderschönen Erinnerung gemacht. Die Erinnerung wird mit dieser Aussage bewusst abgespeichert, und diese kann jederzeit wieder aus einer Gedächtnisschublade hervorgeholt werden.

Dies wird dein Leben positiv verändern.

Ich wünsche Dir auf deinem Weg viel Erfolg, Bewusstsein und ganz viel Glücksgefühle. Geh durch das Leben wie ein kleines Kind, das sich über jedes Blatt, jede Pfütze und jedes Käferchen das seinen Weg kreuzt, aufs Grösste freut und Du wirst glücklicher als je zuvor und ein selbstwirksames, kraftvolles und erfolgreiches Leben leben.